LECTURES ELI SE

Les Lectures ELI présentent une gamme complète de publications allant des histoires contemporaines et captivantes aux émotions éternel des grands classiques. Elles s'adressent aux lecteurs de tout âge et sont divisées en trois collections : Lectures ELI Poussins, Lectures ELI Juniors, Lectures ELI Seniors. En dehors de la qualité éditoriale, les Lectures ELI fournissent un support didactique facile à gérer et capturent l'attention des lecteurs avec des illustrations ayant un fort impact artistique et visuel.

La certification du Conseil de la bonne gestion forestière ou FSC certifie que les coupes forestières pour la production du papier utilisé pour ces publications ont été effectuées de manière responsable grâce à des pratiques forestières respectueuses de l'environnement.

Cette collection de lectures choisies et graduées = 5000 arbres plantés.

Gustave Flaubert

L'Éducation sentimentale

Adaptation libre et activités : Pierre Hauzy
Illustrations : Arianna Vairo

Gustave Flaubert
L'Éducation sentimentale
Adaptation libre et activités : Pierre Hauzy
Révision : Mery Martinelli

Lectures ELI
Création de la collection et coordination éditoriale
Paola Accattoli, Grazia Ancillani, Daniele Garbuglia (Directeur artistique)

Conception graphique
Airone Comunicazione - Sergio Elisei

Mise en page
Airone Comunicazione - Marcello Muzi

Responsable de production
Francesco Capitano

Crédits photographiques
Archivio ELI

© 2014 ELI S.r.l.
B.P. 6 - 62019 Recanati - Italie
Tél. +39 071 750701
Fax +39 071 977851
info@elionline.com
www.elionline.com

Fonte utilisée 11,5 / 15 points Monotype Dante

Achevé d'imprimer en Italie par Tecnostampa Recanati
ERA 416.01
ISBN 978-88-536-1759-0

Première édition Mars 2014

www.elireaders.com

Sommaire

6	Les personnages principaux	
8	Activités de pré-lecture	
10	Chapitre 1	**Le coup de foudre**
18	Activités	
22	Chapitre 2	**Le bon camarade**
30	Activités	
34	Chapitre 3	**L'Art industriel**
42	Activités	
46	Chapitre 4	**Espoir et déception**
54	Activités	
58	Chapitre 5	**Vie de province**
66	Activités	
70	Chapitre 6	**Retour à Paris**
78	Activités	
82	Chapitre 7	**Rosanette**
90	Activités	
94	Chapitre 8	**La demande en mariage**
102	Activités	
106	Chapitre 9	**Février 1848**
116	Chapitre 10	**Épilogue**
118	Gros plan	**Gustave Flaubert**
121	Grand angle	**Gustave Courbet, le génie du réalisme**
124	Découverte	**Le siècle de la photographie**
126	Bilan	
127	Contenus	

Les parties de l'histoire enregistrées sur le CD sont signalées par les symboles qui suivent :
Début ▶ **Fin** ■

LES PERSONNAGES PRINCIPAUX

Madame Dambreuse — Monsieur Dambreuse — Deslauriers — Frédéric

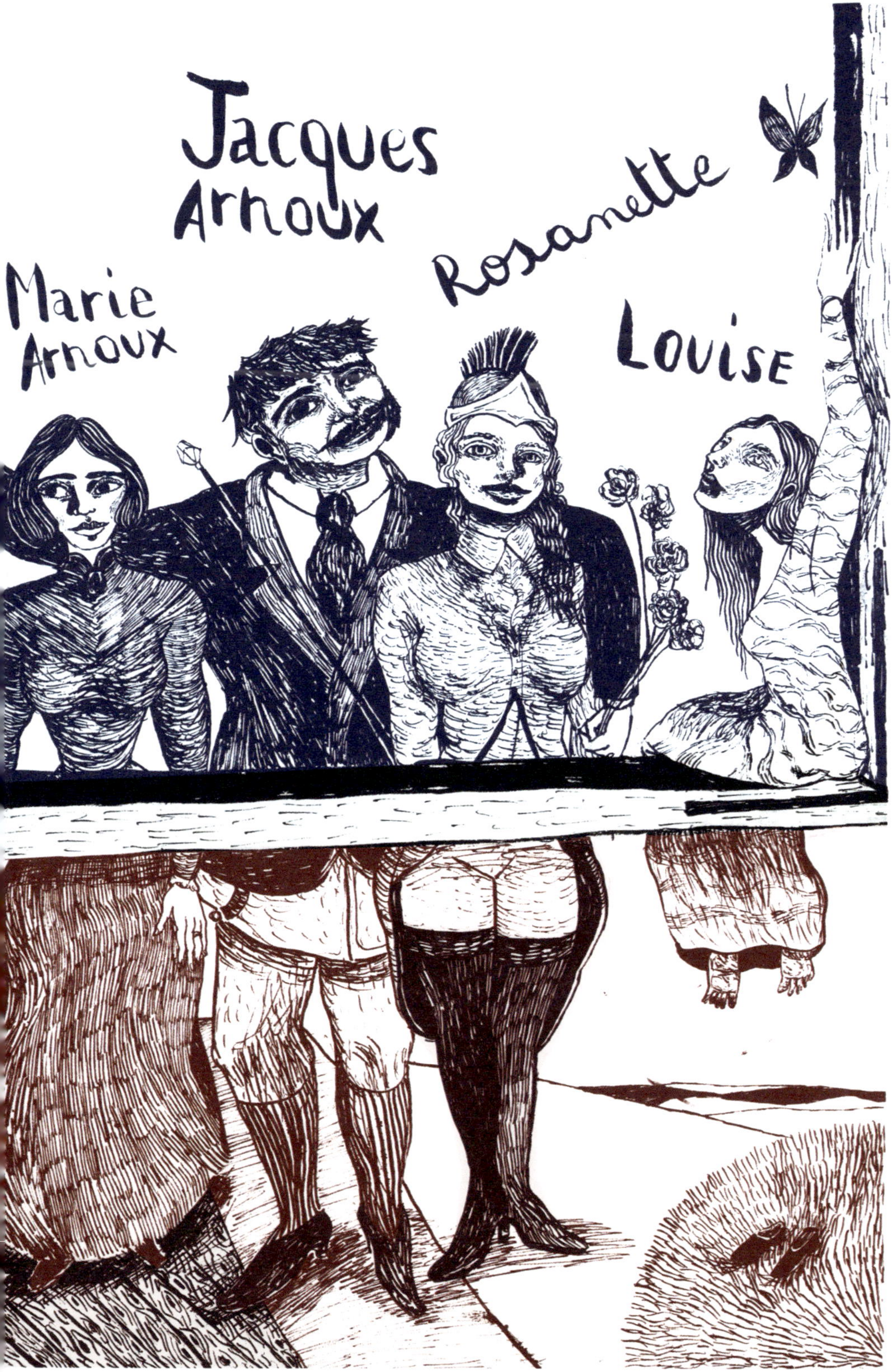
Jacques
Arnoux
Rosanette
Marie
Arnoux
Louise

ACTIVITÉ DE PRÉ-LECTURE

Compréhension

1 Dans *Les Mémoires d'un fou* (1839), roman autobiographique, Gustave Flaubert livre une première version de *L'Éducation sentimentale* qu'il n'écrira que trente ans plus tard ; et notamment la rencontre, à Trouville, d'une mystérieuse Maria, dont le souvenir lui inspirera madame Arnoux.
Reconstitue le récit de cette rencontre en indiquant l'ordre logique des paragraphes.

☐ **a** Ce jour-là, une charmante pelisse rouge avec des raies noires était restée sur le rivage. La marée montait, le rivage était festonné d'écume, déjà un flot plus fort avait mouillé les franges de soie de ce manteau. Je l'ôtai pour le placer au loin ; l'étoffe en était moelleuse et légère ; c'était un manteau de femme.

☐ **b** Je me retournai. C'était une jeune femme assise avec son mari à la table voisine.
— Quoi donc ? lui demandai-je, préoccupé.
— D'avoir ramassé mon manteau : n'est-ce pas vous ?
— Si, Madame, repris-je, embarrassé.

☐ **c** J'aimais.

☐ **d** Chaque matin j'allais la voir se baigner ; je la contemplais de loin sous l'eau, j'enviais la vague molle et paisible qui battait sur ses flancs et couvrait d'écume cette poitrine haletante, je voyais le contour de ses membres sous les vêtements mouillés qui la couvraient, je voyais son cœur battre, sa poitrine se gonfler ; je contemplais machinalement son pied se poser sur le sable, et mon regard restait fixé sur la trace de ses pas, et j'aurais pleuré presque en voyant le flot les effacer lentement.

☐ **e** Hélas ! hélas ! La vague a effacé les pas de Maria.

☐ **f** Je crois voir encore la place où j'étais fixé sur le rivage ; je vois les vagues accourir de toutes parts, se briser, s'étendre ; je vois la plage festonnée d'écume ; j'entends le bruit des voix confuses des baigneurs parlant entre eux, j'entends le bruit de ses pas, j'entends son haleine quand elle passait près de moi.

☐ **g** Apparemment on m'avait vu, car le jour même, au repas de midi, et comme tout le monde mangeait dans une salle commune à l'auberge où nous étions logés, j'entendis quelqu'un qui me disait :
— Monsieur, je vous remercie bien de votre galanterie.

☐ **h** Vous dire l'année précise me serait impossible ; mais alors j'étais fort jeune, – j'avais, je crois, quinze ans ; nous allâmes cette année aux bains de mer dans un petit village de Picardie. J'allais souvent seul me promener sur la grève ; un jour, le hasard me fit aller vers l'endroit où l'on se baignait. C'était une place, non loin des dernières maisons du village, fréquentée plus spécialement pour cet usage. – Hommes et femmes nageaient ensemble : on se déshabillait sur le rivage ou dans sa maison et on laissait son manteau sur le sable.

☐ **i** J'étais immobile de stupeur comme si la Vénus fût descendue de son piédestal et s'était mise à marcher. C'est que, pour la première fois alors, je sentais mon cœur, je sentais quelque chose de mystique, d'étrange comme un sens nouveau. J'étais baigné de sentiments infinis, tendres ; j'étais bercé d'images vaporeuses, vagues ; j'étais plus grand et plus fier tout à la fois.

[7] **j** Au moment de retracer cette page de Ma vie, Mon cœur bat comme si j'allais remuer des ruines chéries. Elles sont déjà vieilles ces ruines : en marchant dans la vie, l'horizon s'est écarté par-derrière, et que de choses depuis lors ! car les jours semblent longs, un à un, depuis le matin jusqu'au soir. Mais le passé paraît rapide, tant l'oubli rétrécit le cadre qui l'a contenu. Pour moi tout semble vivre encore ; j'entends et je vois le frémissement des feuilles, je vois jusqu'au moindre pli de sa robe. J'entends le timbre de sa voix, comme si un ange chantait près de moi.

☐ **k** Elle me regarda. Je baissai les yeux et rougis. Quel regard, en effet ! Et comme elle était belle, cette femme ! je vois encore cette prunelle ardente sous un sourcil noir se fixer sur moi comme un soleil.

Chapitre 1

Le coup de foudre

▶ 2   Le 15 septembre 1840, vers six heures du matin, la *Ville-de-Montereau*, près de partir, fumait à gros tourbillons devant le quai Saint-Bernard. Des gens arrivaient hors d'haleine* ; les colis montaient entre les deux tambours*, et au milieu du tapage* qui s'absorbait dans le bruissement de la vapeur, la cloche, en avant, tintait sans discontinuer. Le navire partit soudain et les deux berges, peuplées de magasins, de chantiers et d'usines, filèrent comme deux larges rubans que l'on déroule.

Un jeune homme de dix-huit ans, à longs cheveux et qui tenait un album sous son bras, restait auprès du gouvernail, immobile. Frédéric Moreau, nouvellement reçu bachelier, s'en retournait à Nogent-sur-Seine où il devait passer l'été avant de revenir *faire son droit*, à Paris. Il était arrivé la veille du Havre où sa mère l'avait envoyé voir un oncle, dont elle espérait, pour lui, l'héritage. À travers le brouillard, il contemplait des clochers, des édifices dont il ne savait pas les noms ; puis il embrassa, dans un dernier coup d'œil, l'île Saint-Louis, la Cité, Notre-Dame ; et bientôt, Paris disparaissant, il poussa un grand soupir.

Tout en pensant à sa future vie d'étudiant, à la chambre qu'il occuperait bientôt, au plan d'un drame, à des sujets de tableaux, à des passions futures… Frédéric s'avança jusqu'au bout, du côté de la

---

hors d'haleine très essoufflées, à bout de souffle
tambours ici, les deux roues à aubes qui assuraient la propulsion des premiers navires à vapeur

tapage grand bruit, vacarme

cloche ; et, dans un cercle de passagers et de matelots, vit un gaillard*
d'une quarantaine d'années, à cheveux crépus, qui plaisantait avec
une paysanne, tout en lui maniant la croix d'or qu'elle portait sur la
poitrine. La présence de Frédéric ne le dérangea pas. Il se tourna vers
lui plusieurs fois, en l'interpellant par des clins d'œil ; ensuite il offrit
des cigares à tous ceux qui l'entouraient. Quelques instants plus tard,
ennuyé de cette compagnie, sans doute, il alla se mettre plus loin.
Frédéric le suivit.

La conversation roula* d'abord sur les différentes espèces de
tabacs, puis, tout naturellement, sur les femmes. L'homme donna des
conseils à l'étudiant ; il exposait des théories, narrait des anecdotes,
se citait lui-même en exemple, débitant tout cela d'un ton paternel.
Il était républicain ; il avait voyagé, il connaissait l'intérieur des
théâtres, des restaurants, des journaux, et tous les artistes célèbres,
qu'il appelait familièrement par leurs prénoms ; Frédéric lui confia
bientôt ses projets artistiques ; il les encouragea.

Le jeune homme éprouvait un certain respect pour ce passager
volubile*, et ne résista pas à l'envie de savoir son nom. L'inconnu
répondit tout d'une haleine :

— Jacques Arnoux propriétaire de l'*Art industriel,* boulevard
Montmartre.

Un domestique ayant un galon d'or à la casquette vint lui dire :

— Si Monsieur voulait descendre ? Mademoiselle pleure.

Il disparut.

L'*Art industriel* était un établissement hybride, comprenant un
journal de peinture et un magasin de tableaux. Frédéric avait vu ce
titre-là, plusieurs fois, à l'étalage du libraire de sa ville natale, sur

---

gaillard homme robuste, vigoureux   **volubile** bavard, qui parle beaucoup
roula ici, concerna

d'immenses prospectus, où le nom de Jacques Arnoux se développait magistralement*.

Le soleil dardait d'aplomb*, en faisant reluire les fers autour des mâts, les plaques du bastingage et la surface de l'eau ; elle se coupait à la proue en deux sillons, qui se déroulaient jusqu'au bord des prairies. À chaque détour de la rivière, on retrouvait le même rideau de peupliers pâles. La campagne était toute vide. Il y avait dans le ciel de petits nuages blancs arrêtés, et l'ennui, vaguement répandu, semblait alanguir la marche du bateau et rendre l'aspect des voyageurs plus insignifiant encore. On entendait par intervalles le bruit du charbon dans le fourneau, un éclat de voix, un rire ; sur la passerelle, le capitaine marchait d'un tambour à l'autre, sans s'arrêter.

Pour rejoindre sa place, Frédéric dut se frayer* un passage au milieu des ouvriers et des familles qui stationnaient devant la porte des Premières. Quand il poussa le battant, ce fut comme une apparition :
Elle était assise, au milieu du banc, toute seule ; ou du moins il ne distingua personne, dans l'éblouissement que lui envoyèrent ses yeux. En même temps qu'il passait, elle leva la tête ; il fléchit involontairement les épaules ; et, quand il se fut mis plus loin, du même côté, il la regarda. Elle avait un large chapeau de paille, avec des rubans roses qui palpitaient au vent, derrière elle. Ses cheveux noirs, contournant la pointe de ses grands sourcils, descendaient très bas et semblaient presser amoureusement l'ovale de sa figure. Sa robe de mousseline claire, tachetée de petits pois, se répandait à plis nombreux. Elle était en train de broder quelque chose ; et son nez droit, son menton, toute sa personne se découpait sur le fond de l'air

---

magistralement ici, en grand
dardait d'aplomb était au zénith

se frayer ouvrir (une voie, un passage)

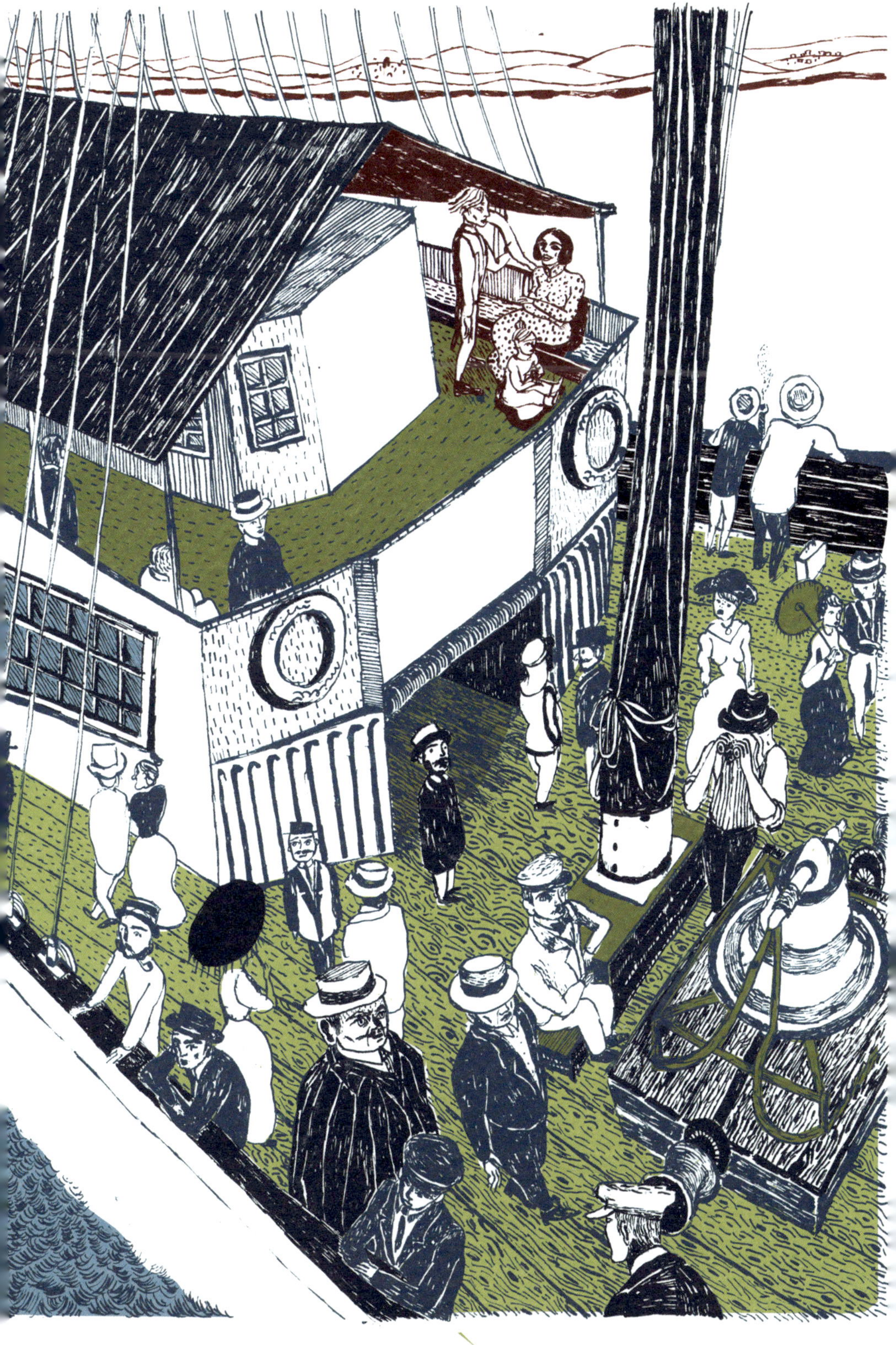

bleu. Jamais il n'avait vu cette splendeur de sa peau brune, la séduction de sa taille, ni cette finesse des doigts que la lumière traversait. Il considérait son panier à ouvrage avec ébahissement*, comme une chose extraordinaire. Quels étaient son nom, sa demeure, sa vie, son passé ? Il souhaitait connaître les meubles de sa chambre, toutes les robes qu'elle avait portées, les gens qu'elle fréquentait ; et le désir de la possession physique même disparaissait sous une envie plus profonde, dans une curiosité douloureuse qui n'avait pas de limites.

Une négresse, coiffée d'un foulard, se présenta, en tenant par la main une petite fille. L'enfant, dont les yeux roulaient des larmes, venait de s'éveiller. Il la supposait d'origine andalouse, créole* peut-être.

Cependant, un long châle à bandes violettes était placé derrière son dos, sur le bordage de cuivre. Elle avait dû, bien des fois, au milieu de la mer, durant les soirs humides, en envelopper sa taille, s'en couvrir les pieds, dormir dedans ! Mais, entraîné par les franges, il glissait peu à peu, il allait tomber dans l'eau ; Frédéric fit un bond et le rattrapa. Elle lui dit :

— Je vous remercie, Monsieur.

Leurs yeux se rencontrèrent.

— Ma femme, es-tu prête ? cria le sieur* Arnoux, apparaissant dans l'escalier. La petite se jeta dans les bras de son père tandis qu'elle se levait pour suivre son mari. Arnoux engagea Frédéric à descendre au restaurant avec eux, le jeune homme accepta de les accompagner mais dit qu'il venait de déjeuner ; il mourait de faim, au contraire, mais il ne possédait plus un centime au fond de sa bourse.

ébahissement émerveillement
créole Française née, vivant ou ayant vécu dans les anciennes colonies d'Outre-Mer

le sieur monsieur

Pendant le déjeuner, il apprit que le couple et leur fille devaient, à Montereau, prendre la diligence* de Châlons. Ils se rendaient en Suisse pour un mois. Le plafond, bas et tout blanc, rabattait une lumière crue*. Frédéric, en face, distinguait l'ombre de ses cils. Elle trempait ses lèvres dans son verre, cassait un peu de croûte* entre ses doigts ; le médaillon de lapis-lazuli, attaché par une chaînette d'or à son poignet, de temps à autre sonnait contre son assiette.

Arnoux se plaignit de la cuisine ; il se récria considérablement devant l'addition, et il la fit réduire. Puis il emmena le jeune homme à l'avant du bateau pour boire des grogs*. Frédéric accepta par politesse*, mais s'en retourna bientôt sous la tente où madame Arnoux était revenue s'asseoir. Elle lisait un mince volume à couverture grise. Les deux coins de sa bouche se relevaient par moments, et un éclair de plaisir illuminait son front. Il jalousa celui qui avait inventé ces choses dont elle paraissait occupée. Plus il la contemplait, plus il sentait entre elle et lui se creuser des abîmes. Il songeait qu'il faudrait la quitter tout à l'heure, irrévocablement, sans en avoir arraché une parole, sans lui laisser même un souvenir !

Une plaine s'étendait à droite ; à gauche un herbage* allait doucement rejoindre une colline, où l'on apercevait des vignobles, des noyers, un moulin dans la verdure, et des petits chemins plus loin, formant des zigzags* sur la roche blanche qui touchait au bord du ciel. Quel bonheur de monter côte à côte, le bras autour de sa taille, pendant que sa robe balayerait les feuilles jaunies, en écoutant sa voix, sous le rayonnement de ses yeux ! Le bateau pouvait s'arrêter, ils n'avaient qu'à descendre ; et cette chose bien simple n'était pas plus facile, cependant, que de remuer le soleil !

---

diligence voiture à cheval servant au transport des personnes
crue vive
croûte ici, croûte de pain, la partie supérieur, plus dure, d'un pain
grog(s) boisson chaude à base d'eau sucrée, de rhum et de citron

politesse bonne éducation
herbage prairie
zigzags (chemins, routes) qui changent brusquement de direction et dont le parcours imite la lettre 'Z'

« Va-t-elle enfin me parler ? » se demandait-il.

Le temps pressait. Comment obtenir une invitation chez Arnoux ? Et il n'imagina rien de mieux que de lui faire remarquer la couleur de l'automne, en ajoutant :

— Voilà bientôt l'hiver, la saison des bals et des dîners !

Mais Arnoux appela sa femme et sa fille à l'arrière, où il avait fait mettre leurs bagages. La côte de Surville apparut, les deux ponts de Montereau se rapprochaient ; on longea une corderie, ensuite une rangée de maisons basses ; il y avait, en dessous, des marmites de goudron, des éclats de bois ; et des gamins* couraient sur le sable, en faisant la roue. Frédéric reconnut un homme avec un gilet à manches, il lui cria :

— Dépêche-toi.

On arrivait. Il chercha péniblement Arnoux dans la foule des passagers ; et l'autre répondit en lui serrant la main :

— Au plaisir, cher Monsieur !

Quand il fut sur le quai, Frédéric se retourna. Elle était près du gouvernail, debout. Il lui envoya un regard où il avait tâché* de mettre toute son âme ; peine perdue*, elle demeura immobile. Il finit par suivre à* contre cœur son domestique qui était venu l'attendre. Dans la voiture qui le ramenait à Nogent, tout son voyage lui revint à la mémoire, d'une façon si nette qu'il distinguait maintenant des détails nouveaux, des particularités plus intimes ; sous le dernier volant de sa robe, son pied passait dans une mince bottine en soie, de couleur marron ; la tente de coutil formait un large dais* sur sa tête, et les petits glands rouges de la bordure tremblaient à la brise, perpétuellement.

Elle ressemblait aux femmes des livres romantiques. Il n'aurait voulu rien ajouter, rien retrancher* à sa personne. L'univers venait

---

gamins enfants
il avait tâché il s'était efforcé
peine perdue effort inutile, initiative vaine
à contre cœur malgré lui, à regret
dais baldaquin
retrancher enlever

tout à coup de s'élargir. Elle était le point lumineux où l'ensemble des choses convergeait ; — et, bercé par le mouvement de la voiture, les paupières à demi closes, le regard dans les nuages, il s'abandonnait à une joie rêveuse et infinie. Arnoux l'avait appelée « Marie ! ». Resté un moment seul dans la voiture au cours d'une halte, il cria très haut « Marie ! ». Sa voix se perdit dans l'air.

Quand son domestique l'eut rejoint, il se plaça sur le siège pour conduire. Sa décision était prise : il la retrouverait à Paris. Il était bien résolu à s'introduire d'une manière ou d'une autre chez les Arnoux, et à se lier avec eux. Leur maison devait être amusante, Arnoux lui plaisait d'ailleurs ; puis, qui sait ?

Neuf heures sonnaient lorsqu'il arriva devant la maison de sa mère. Cette maison, spacieuse, avec un jardin donnant sur la campagne, ajoutait à la considération de madame Moreau, qui était la personne du pays la plus respectée. Dès qu'il fut entré, sa mère lui demanda :

— Eh bien ?

Le vieillard l'avait reçu très cordialement, mais sans montrer ses intentions.

Madame Moreau soupira. Le frère de son défunt* mari n'ayant pas d'héritier direct, elle espérait qu'il se prononcerait en faveur de son neveu. Mais rien.

Frédéric était à cent lieues* des pensées de sa mère. « Où est-elle, à présent ? » songeait-il. La diligence roulait, et, enveloppée dans le châle sans doute, elle appuyait contre le drap du coupé sa belle tête endormie.

défunt mort
à cent lieues très loin

ACTIVITÉS DE POST-LECTURE

Vocabulaire et compréhension

1 *Mot à mot.* Associe correctement les syllabes contenues dans la grille afin de reconstituer vingt mots tirés du chapitre ; utilise ensuite ces mêmes mots pour en résumer le contenu narratif.
na-vire ⟶ navire

na	bache	étu	héri	sou	pro	jour	ma
jets	appa	châ	restau	baga	invi	pas	voya
ri	cha	rition	gou	sou	lier	brouil	lard
peau	gasin	venir	rant	pir	ges	vernail	geurs
diant	tation	sagers	*vire*	nal	vière	tage	le

Compréhension et syntaxe du texte

2 *Le joueur de harpe.* Sépare correctement les mots du texte en allant à la ligne le cas échéant et en rétablissant la ponctuation.

Alors|qu'ils|s'apprêtaient|à|descendre|pour|déjeuner,|les|sons|d'une|harpe|retentirent.Lapetitevoulutvoirlamusiqueetbientôtlejoueurd'instrumentamenéparlanégressevintseplacerdevanteuxIlrejetaseslongscheveuxderrièresesépaulesétenditlesbrasetsemitàjouerC'étaituneromanceorientaleoùilétaitquestiondepoignardsdefleursetd'étoilesL'hommeenhaillonschantaitcelad'unevoixmordantelesbattementsdelamachinecoupaientlamélodieàfaussemesureilpinçaitplusfortlescordesvibraientetleursonsmétalliquessemblaientexhalerdessanglotsetcommelaplainted'unamourorgueilleuxetvaincuDesdeuxcôtésdelarivièredesboisinclinaientjusqu'auborddel'eauuncourantd'airfraispassaitMmeArnouxregardaitauloind'unemanièrevagueQuandlamusiques'arrêtaelleremualespaupièresplusieursfoiscommesiellesortaitd'unsongeLeharpistes'approchad'euxhumblementPendantqu'Arnouxcherchaitdelamonnaie Frédéricallongeaverslacasquettesamainferméeetl'ouvrantavecpudeurilydéposaunlouisd'orCenétaitpaslavanitéquilepoussai-

tàfairecetteaumônedevantellemaisunepenséedebénédictionoùil'
associaitunmouvementdecœurpresquereligieuxArnouxenluimont
rantlechemInl'engageacordialementàdescendreFrédéricaffirmaqu
'ilvenaitdedéjeunerilsemouraitdefaimaucontrairemaisilvenaitdedo
nnerauchanteurambulanttoutcequ'ilpossédait

3 *Les passagers et le capitaine.* **Rétablis le texte original en y ajoutant les articles (indéfinis, définis, contractés) et les possessifs qui ont été supprimés. Attention à la préposition *de*.**

À chaque détour ...*de la*... (0) rivière, on retrouvait .... (1) même rideau .... (2) peupliers pâles. .... (3) campagne était toute vide. Il y avait dans .... (4) ciel .... (5) petits nuages blancs arrêtés, et .... (6) ennui, vaguement répandu, semblait alanguir .... (7) marche .... (8) bateau et rendre .... (9) aspect .... (10) voyageurs plus insignifiant encore.

À part quelques bourgeois, aux Premières, c'étaient .... (11) ouvriers, ... (12) gens de boutique avec leurs femmes et .... (13) enfants. Comme on avait coutume alors de se vêtir sordidement en voyage, presque tous portaient .... (14) vieilles calottes grecques ou .... (15) chapeaux déteints, de maigres habits noirs râpés par .... (16) frottement du bureau, ou .... (17) redingotes ouvrant la capsule de .... (18) boutons pour avoir trop servi au magasin ; çà et là, quelque gilet à châle laissait voir une chemise .... (19) calicot, maculée .... (20) café ; .... (21) épingles .... (22) quatre sous piquaient .... (23) cravates en lambeaux. .... (24) voyageurs causaient debout, ou bien accroupis sur .... (25) bagages ; d'autres dormaient dans .... (26) coins ; plusieurs mangeaient. Le pont était sali par .... (27) écales .... (28) noix, ... (29) bouts de cigares, ... (30) pelures .... (31) poires, ... (32) détritus de charcuterie apportée dans .... (33) papier ; trois ébénistes, en blouse, stationnaient devant .... (34) cantine ; .... (35) joueur .... (36) harpe en haillons se reposait, accoudé sur .... (37) instrument ; on entendait par intervalles .... (38) bruit .... (39) charbon de terre dans .... (40) fourneau, ... (41) éclat .... (42) voix, ... (43) rire ; et .... (44) capitaine, sur .... (45) passerelle, marchait d'un tambour à l'autre, sans s'arrêter.

Grammaire du texte

4 *Madame Moreau.* **Complète le texte par des pronoms personnels.**

Mme Moreau sortait d'une vieille famille de gentilshommes, éteinte maintenant. Son mari, un plébéien que ses parents lui avaient fait épouser, était mort d'un coup d'épée, pendant sa grossesse, en ....*lui*.... (0) laissant une fortune compromise. Elle recevait trois fois la semaine et donnait de temps à autre un beau dîner. Mais le nombre des bougies était calculé d'avance, et elle attendait impatiemment ses fermages. Cette gêne, dissimulée comme un vice, ... (1) rendait sérieuse. Cependant, sa vertu s'exerçait sans étalage de pruderie, sans aigreur. Ses moindres charités semblaient de grandes aumônes. On .... (2) consultait sur le choix des domestiques, l'éducation des jeunes filles, l'art des confitures, et Monseigneur descendait chez .... (3) dans ses tournées épiscopales.

Mme Moreau nourrissait une haute ambition pour son fils. .... (4) n'aimait pas à entendre blâmer le Gouvernement, par une sorte de prudence anticipée. .... (5) aurait besoin de protections d'abord ; puis, grâce à ses moyens, ... (6) deviendrait conseiller d'État, ambassadeur, ministre. Ses triomphes au collège de Sens légitimaient cet orgueil ; .... (7) avait remporté le prix d'honneur.

Les aspirations de Frédéric étaient tout autres. Il aimait le dessin, l'histoire, la littérature, les arts. Il lisait beaucoup, les mémorialistes surtout : Froissart, Commines, Pierre de l'Estoile, Brantôme... Les images que ces lectures amenaient à son esprit .... (8) obsédaient si fort, qu'il éprouvait le besoin de .... (9) reproduire. Il rêvait d'être un jour le Walter Scott de la France et se souciait fort peu des ambitions que sa mère avait pour .... (10).

20

ACTIVITÉ DE PRÉ-LECTURE

Grammaire du texte

5 *Deslauriers, père et fils.* **Complète la présentation en choisissant parmi les formes verbales proposées celle qui convient.**

Le père de Charles Deslauriers, ancien capitaine d'infanterie, (0) *était revenu* / *est revenu* / *revenait* se marier à Nogent, et, avec l'argent de la dot, (1) *achetait* / *a acheté* / *avait acheté* une charge d'huissier qui (2) *a suffi* / *avait suffi* / *suffisait* à peine pour le faire vivre. Aigri par de longues injustices, par ses vieilles blessures qui (3) *le faisaient* / *l'ont fait* / *l'avaient fait* souffrir, il (4) *se mettait* / *s'était mis* / *s'est mis* souvent en colère et (5) *se défoulait* / *s'était défoulé* / *s'est défoulé* alors sur son entourage. Peu d'enfants (6) *sont* / *étaient* / *furent* plus battus que son fils. Le gamin (7) *n'a pas cédé* / *ne cédait pas* / *ne céda pas*, malgré les coups. Sa mère, quand elle (8) *essayait* / *avait essayé* / *a essayé* de s'interposer, (9) *est* / *fut* / *était* rudoyée comme lui. Enfin, le Capitaine le / *plaça* / *plaçait* dans son étude, et tout le long du jour, il (10) *le tenait* / *l'avait tenu* / *l'a tenu* courbé sur son pupitre à copier des actes, ce qui lui (11) *a rendu* / *rendait* / *rendit* l'épaule droite visiblement plus forte que l'autre. En 1833 le Capitaine (12) *vendait* / *vendit* son étude. Sa femme (13) *mourait* / *mourut* / *est morte* d'un cancer. Il (14) *alla* / *allait* vivre à Dijon ; ensuite (15) *il s'établissait* / *s'établit* marchand d'hommes à Troyes ; et, ayant obtenu pour Charles une demi-bourse, le (16) *mettait* / *mit* au collège de Sens, où Frédéric le (17) *connut* / *connaissait*. Mais l'un avait 12 ans, l'autre 15 ; d'ailleurs, mille différences de caractère et d'origine les (18) *séparaient* / *avaient séparés*.

Chapitre 2

Le bon camarade

▶ 3 La mère et le fils montaient dans leurs chambres quand un garçon de l'auberge* du *Cygne de la Croix* apporta un billet.

— Qu'est-ce donc ?

— C'est Deslauriers qui a besoin de moi, répondit Frédéric.

— Ah ! ton camarade ! fit madame Moreau avec un ricanement* de mépris. L'heure est bien choisie, vraiment !

Frédéric hésitait. Mais l'amitié fut plus forte. Il prit son chapeau.

— Au moins, ne reste pas longtemps ! lui dit sa mère.

Les deux amis ne s'étaient pas vus depuis deux ans, ils s'étaient connus au collège de Sens en 1833, où le jeune Charles Deslauriers était arrivé après la mort de sa mère. Cinq ans plus tard, il était parti étudier le droit à Paris. La séparation avait été pénible*, surtout pour Frédéric, qui admirait cet ami plus grand que lui. Ils s'étaient cependant juré de vivre ensemble dans la capitale quand le plus jeune aurait terminé ses études. « Ne sois pas triste, lui avait dit Charles en l'embrassant, ce ne sera pas long, dans deux ans tu me rejoindras ».

— Hélas, nos projets devront attendre, dit Deslauriers après avoir longuement serré dans ses bras son jeune ami.

— Des problèmes ?

— Oui. Je reviens à l'instant de Villenauxe où mon père tient à

---

auberge petit hôtel offrant aux voyageurs une table et un lit
ricanement rire moqueur

pénible douloureuse

présent un billard. Ce vieux grigou* a décidé de me couper les vivres*. Il va donc falloir que je travaille.

— À Paris ?

— Non, à Troyes. J'ai accepté une place de maître clerc* chez un avoué*.

Frédéric baissa la tête. C'était le premier de ses rêves qui s'écroulait brutalement.

— Console-toi, dit l'autre, la vie est longue ; nous sommes jeunes.

Il le secouait par les mains, et, pour le distraire, demanda de ses nouvelles.

Frédéric lui raconta son voyage sur la Seine. Au souvenir de madame Arnoux, son chagrin s'évanouit. Il ne parla pas d'elle, retenu par une pudeur. Il s'étendit en revanche* sur Arnoux, rapportant ses discours, ses manières, ses relations ; et Deslauriers l'engagea* fortement à cultiver cette connaissance.

Et ils continuèrent à se promener d'un bout à l'autre des deux ponts qui s'appuient sur l'île étroite, formée par le canal et la rivière.

— Comment veux-tu que je vive là-bas, sans toi ? disait Frédéric. Avec une femme qui m'aime, peut-être, mais seul… Pourquoi ris-tu ? Les émotions extraordinaires produisent les œuvres sublimes. Quant à chercher celle qu'il me faudrait, j'y renonce ! D'ailleurs, si jamais je la trouve, elle me repoussera. Je suis de la race des déshérités.

L'ombre de quelqu'un s'allongea sur les pavés, en même temps qu'ils entendirent ces mots :

— Serviteur, Messieurs !

Celui qui les prononçait était un petit homme, habillé d'une ample redingote brune, et coiffé d'une casquette laissant paraître sous la visière un nez pointu.

---

grigou avare
couper les vivres ne plus donner d'argent (à quelqu'un)
clerc employé dans un cabinet d'avocat ou de notaire

avoué avocat
en revanche au contraire, par contre
l'engagea lui conseilla (de)

— Monsieur Roque ? dit Frédéric.
— Lui-même ! reprit la voix.

Le Nogentais revenait d'inspecter ses pièges à loup, dans son jardin, au bord de l'eau.

— Vous voilà donc de retour ? Très bien ! j'ai appris cela par ma fillette. La santé est toujours bonne, j'espère ? Vous allez rester un peu, n'est-ce pas ?

Et il s'en alla, rebuté*, sans doute, par l'accueil de Frédéric.

— Qui est-ce ? demanda Deslauriers.

— Le régisseur* de monsieur Dambreuse ; ma mère est en affaires avec lui.

— Dambreuse, le banquier qui demeure rue d'Anjou ? reprit Deslauriers. Tu devrais prier ce vieux de t'introduire chez ces gens-là ; rien n'est utile comme de fréquenter une maison riche ! Puisque tu as un habit noir et des gants blancs, profites-en ! Il faut que tu ailles dans le monde ! Tu m'y mèneras plus tard. Un homme à millions, pense donc ! Arrange-toi pour lui plaire, et à sa femme aussi. Deviens son amant !

Frédéric se récriait*.

— Mais je te dis là des choses classiques, il me semble ? Rappelle-toi Rastignac dans la *Comédie humaine* ! Tu réussiras, j'en suis sûr !

Frédéric avait tant de confiance en Deslauriers, qu'il se sentit ébranlé, et oubliant madame Arnoux, ou la comprenant dans la prédiction faite sur l'autre, il ne put s'empêcher de sourire.

Le clerc ajouta :

— Dernier conseil : passe tes examens ! Un titre est toujours bon. Ton désespoir est bête*. De très grands hommes ont eu

---

rebuté découragé
régisseur personne qui administre un domaine pour le compte de quelqu'un
se récriait protestait
bête stupide

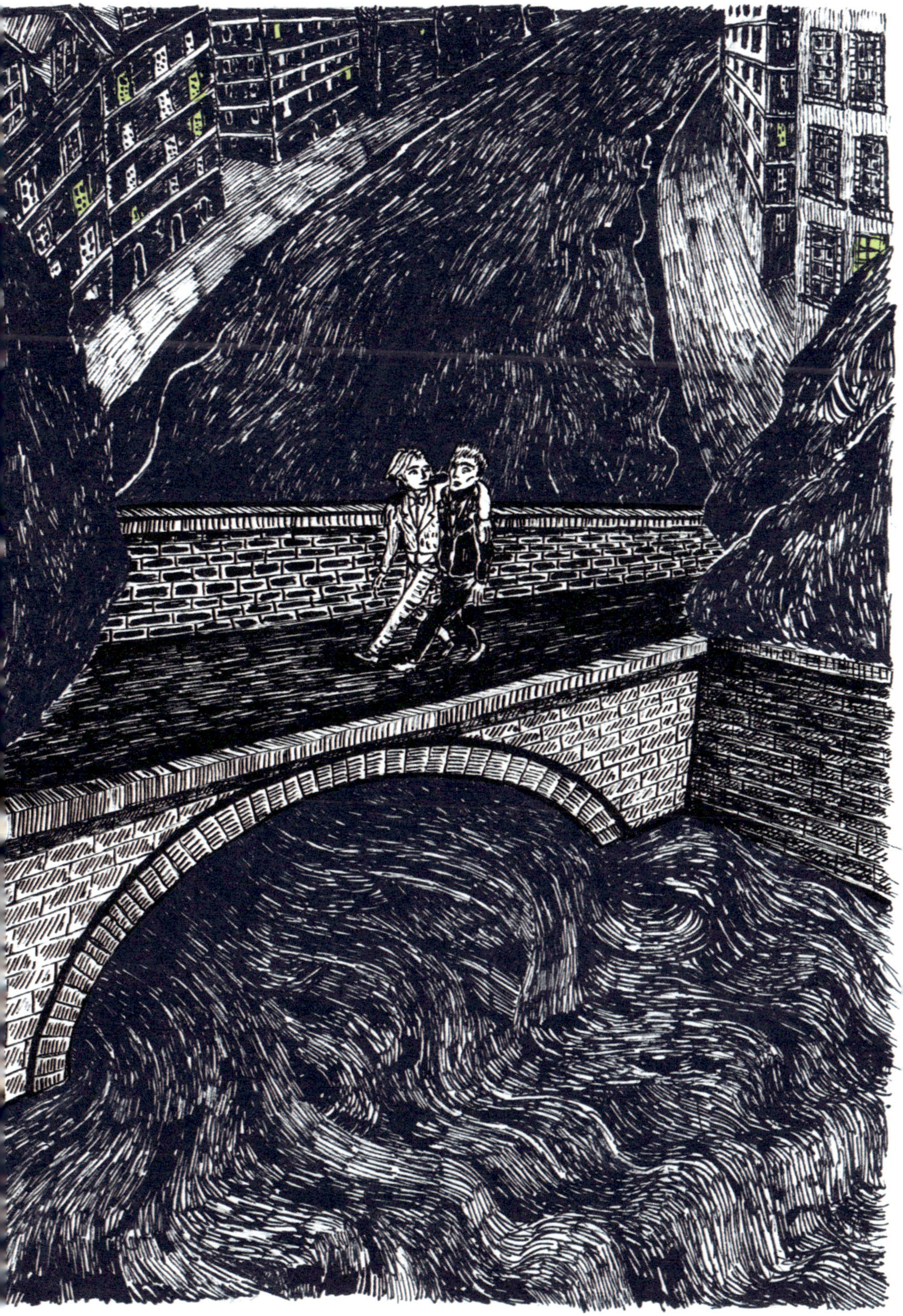

des commencements plus difficiles, à commencer par Mirabeau. D'ailleurs, notre séparation ne sera pas si longue.

Deslauriers emprunta dix francs à Frédéric pour payer son repas à l'auberge ; puis il l'accompagna jusqu'au carrefour de l'Hôtel-Dieu ; et, après une longue étreinte*, les deux amis se séparèrent.

L'été à Nogent ne fut qu'une longue suite de jours sans fin : entre sa mère et les quelques notables* qui fréquentaient son salon, Frédéric se mourait d'ennui du matin au soir. Il essaya bien d'écrire, des vers qu'il envoya à Deslauriers ; son ami les trouva très beaux mais sans en demander d'autres. Quelquefois la musique lui semblait seule capable d'exprimer ses troubles intérieurs ; alors, il rêvait des symphonies ; ou bien la surface des choses l'appréhendait, et il voulait peindre.

C'est donc avec soulagement qu'il prépara ses malles quand la fin de l'été arriva. Et, le lendemain de son arrivée à Paris, il alla faire sa grande visite. Le hasard l'avait servi. Le père Roque était venu lui apporter un rouleau de papiers, en le priant de les remettre lui-même à monsieur Dambreuse ; et il accompagnait l'envoi d'une lettre de présentation. Le jeune homme était troublé en allant chez eux. « J'aurais mieux fait de prendre mon habit. On m'invitera sans doute au bal pour la semaine prochaine ? Que va-t-on me dire ? » Il retrouva son aplomb* dans le vestibule en se disant, qu'après, tout, ce Dambreuse n'était qu'un hommes d'affaires, une sorte de banquier.

Un valet l'introduisit dans une petite pièce où il découvrit un petit homme sec entouré de deux coffres-forts. Il parcourut la lettre du père Roque, ouvrit avec son canif* la toile qui enfermait les papiers, et les examina.

étreinte embrassade
notables bourgeois ; dans une ville, personnes d'une certaine importance

aplomb sang-froid
canif petit couteau

De loin, à cause de sa taille mince, il pouvait sembler jeune encore. Mais ses rares cheveux blancs, ses membres débiles* et surtout la pâleur extraordinaire de son visage, accusaient un tempérament délabré. Une énergie impitoyable reposait dans ses yeux glauques*, plus froids que des yeux de verre.

Enfin, s'étant levé, il adressa au jeune homme quelques questions sur des personnes de leur connaissance, sur Nogent, sur ses études ; puis il le congédia en s'inclinant. Frédéric sortit par un autre corridor, et se trouva dans le bas de la cour, auprès des remises*.

Un coupé bleu, attelé d'un cheval noir, stationnait devant le perron. La portière s'ouvrit, une dame y monta, et la voiture, avec un bruit sourd, se mit à rouler sur le sable. « Madame Dambreuse, sans doute », regretta Frédéric qui aurait bien aimé la voir.

En rentrant à pied par les grands boulevards, un embarras* de voitures lui fit tourner la tête ; et, de l'autre côté, en face, il lut sur une plaque de marbre :

JACQUES ARNOUX

Comment n'avait-il pas songé à *Elle* plus tôt ? Il n'en croyait pas ses yeux. Et pour s'en assurer, il s'avança vers la boutique. Un employé l'accueillit :

— Monsieur ne sera pas *au magasin* avant cinq heures. Mais si je peux transmettre une commission…

— Non ! je reviendrai, répliqua doucement Frédéric.

Les jour suivants furent employés à se chercher un logement ; Frédéric loua une chambre au second étage d'un hôtel garni*. Elle

---

débiles ici, maigres
glauques opaques
remises dépendance destinée à abriter les voitures (à cheval)

embarras embouteillage
garni meublé

ne lui plaisait pas, mais c'est tout ce qu'il pouvait se permettre. Le concierge était un rustre qui sentait l'alcool dès le matin ; les cloisons étaient si minces qu'il entendait les étudiants d'à côté faire la fête. Pendant quinze jours il était allé en cours : Trois cents jeunes gens, nu-tête, emplissaient un amphithéâtre où un vieillard en robe rouge dissertait d'une voix monotone. Il retrouvait dans cette salle l'odeur poussiéreuse des salles de classes, le même ennui ! Il n'y alla plus. Quand il eut épuisé un cabinet de lecture, parcouru les collections du Louvre, et plusieurs fois de suite été au spectacle, il tomba dans un désœuvrement sans fond.

Las de cette solitude, il rechercha un de ses anciens camarades de lycée, nommé Baptiste Martinon. Fils d'un riche agriculteur, celui-ci vivait dans une pension bourgeoise de la rue Saint-Jacques. En face de lui, une femme en robe d'indienne reprisait* des chaussettes. Comme les ennuis de Frédéric n'avaient point de cause raisonnable, Martinon ne comprit rien à ses lamentations sur l'existence. Lui, il allait tous les matins à l'Ecole, se promenait ensuite dans le Luxembourg, passait quelques heures le soir au café, et, avec quinze cents francs par an et l'amour de cette ouvrière, il se trouvait parfaitement heureux. « Quel bonheur ! » exclama intérieurement Frédéric.

Il avait fait à l'Ecole une autre connaissance, un jeune aristocrate nommé de Cisy, enfant de grande famille et qui semblait une demoiselle, à la gentillesse de ses manières. Ils allèrent ensemble admirer la Sainte-Chapelle et Notre-Dame. Mais la distinction du jeune patricien recouvrait une intelligence des plus pauvres. Tout le surprenait ; il riait beaucoup à la moindre plaisanterie, et montrait une

---

reprisait raccommodait (des chaussettes trouées)

ingénuité si complète, que Frédéric le prit d'abord pour un farceur, et finalement le considéra comme un nigaud*.

Il était retourné plusieurs fois à l'*Art industriel*. Il finit par voir Arnoux, mais celui-ci répondit à peine à son salut ; Frédéric en fut blessé*. Il le revit un soir au théâtre du Palais-Royal en compagnie d'une femme. *Elle* ? Il profita de l'entracte pour se rapprocher discrètement du couple. C'était une longue personne, de trente ans environ, fanée, et dont les grosses lèvres découvraient, en riant, des dents splendides. Elle causait familièrement avec Arnoux et lui donnait des coups d'éventail sur les doigts. Quant à Arnoux, il avait un crêpe* à son chapeau. Elle était morte, peut-être. Le lendemain, après une nuit d'insomnie, il courut à l'*Art industriel*, acheta une gravure et en profita pour demander au garçon de boutique comme se portait monsieur Arnoux.

— Mais très bien !
— Et Madame
— Madame, aussi !

---

nigaud personne peu intelligente ; niais, benêt
blessé vexé

crêpe anciennement, morceau de tissu noir que l'on mettait sur ses vêtements en signe de deuil après la mort d'un parent proche

ACTIVITÉS DE POST-LECTURE

Compréhension et production

1 Vrai (V), Faux (F) ou On ne sait pas (?). Justifie tes réponses.

	V	F	?

1. Le beau-frère de madame Moreau a promis à son neveu qu'il hériterait de ses biens à sa mort.
   Justification ....
2. Charles Deslauriers a le même âge que Frédéric.
   Justification ....
3. Frédéric a rencontré son ami à Paris.
   Justification ....
4. Deslauriers doit quitter Paris pour poursuivre ses études à Troyes.
   Justification ....
5. Monsieur Roque remet des papiers à Frédéric de la part de monsieur Dambreuse.
   Justification ....
6. Frédéric et Deslauriers dînent ensemble à l'auberge.
   Justification ....
7. À Paris, Frédéric retrouve par hasard le magasin de l'homme dont la femme l'avait ébloui au début de l'été.
   Justification ....

Phonétique et orthographe

2 *La vie au collège.* Rétablis l'orthographe des transcriptions phonétiques, en accordant les mots s'il y a lieu.

Frédéric possédait ans sa commode toutes sortes de
(0) ..*provisions*.. [pʀovizjɔ̃], des choses recherchées, un
(1) .... [nesesɛʀ] de toilette, par exemple. Il aimait à dormir tard le matin, à regarder les hirondelles, à lire des pièces de théâtre, et, regrettant les douceurs de la maison, il trouvait rude la vie de collège.
Elle semblait bonne au fils de l'huissier. Il travaillait si bien, qu'au bout de la seconde année, il passa dans la classe de troisième.

Cependant, à cause de sa (2) .... [povʀəte], ou de son humeur querelleuse, une sourde malveillance l'entourait. Mais un domestique, une fois, l'ayant appelé enfant de gueux, en pleine cour des moyens, il lui sauta à la gorge et l'aurait tué, sans trois maîtres d'études qui intervinrent. Frédéric, emporté d'(3) .... [admiʀasjɔ̃], le serra dans ses bras. À partir de ce jour, l'intimité fut complète. L'affection d'un *grand,* sans doute, flatta la vanité du petit, et l'autre accepta comme un bonheur ce dévouement qui s'offrait.

Le père de Deslauriers, pendant les (4) .... [vakɑ̃s], le laissait au collège. Une traduction de Platon ouverte par hasard l'enthousiasma. Alors il s'éprit d'études métaphysiques ; et ses progrès furent rapides, car il les abordait avec des forces jeunes et dans l'(5) .... [ɔʀɡœj] d'une intelligence qui s'affranchit : tout ce que la (6) .... [bibliɔtɛk] contenait, y passa. Il avait eu besoin d'en voler la clef, pour se procurer des livres.

Les distractions de Frédéric étaient moins (7) .... [seʀjøz]. Il dessina dans la rue des Trois-Rois la généalogie du Christ, sculptée sur un poteau, puis le portail de la cathédrale. Après les drames moyen âge, il entama les mémoires : Froissart, Commines, Pierre de l'Estoile, Brantôme.

Les images que ces lectures amenaient à son esprit l'obsédaient si fort, qu'il éprouvait le besoin de les reproduire. Il ambitionnait d'être un jour le Walter Scott de la France. Deslauriers méditait un vaste système de (8) .... [filozofi], qui aurait les applications les plus lointaines.

Ils causaient de tout cela, pendant les (9) .... [ʀekʀeasjɔ̃], dans la cour, en face de l'inscription morale peinte sous l'horloge ; ils en chuchotaient dans la chapelle, à la barbe de saint Louis ; ils en rêvaient dans le dortoir, d'où l'on domine un cimetière. Les jours de (10) .... [pʀɔmənad], ils se rangeaient derrière les autres, et ils parlaient interminablement.

Ils parlaient de ce qu'ils (11) .... [fəʀɛ], plus tard, quand ils (12) .... [səʀesɔʀti] du collège. D'abord, ils (13) .... [ɑ̃tʀəpʀɑ̃dʀɛ] un grand voyage avec l'argent que Frédéric (14) .... [pʀelɛvəʀɛ] sur sa fortune, à sa majorité. Puis ils (15) .... [ʀəvjɛ̃dʀɛ] à Paris, ils (16) .... [tʀavajəʀɛ] ensemble, ne se (17) .... [kitəʀɛ] plus.

Compréhension et vocabulaire

3 *Le banquier Dambreuse.* **Cherche dans la grille les mots constitués par les lettres indiquées dans le désordre puis complète le texte.**

	A	B	C	D	E	F	G	H	I	J	K	L
1	J	C	H	A	R	I	T	É	K	R	I	A
2	T	E	H	I	W	F	O	R	T	U	N	E
3	R	A	N	C	U	N	E	S	C	X	D	M
4	N	P	O	R	E	I	L	L	E	M	U	I
5	I	S	E	C	O	U	R	S	T	S	S	N
6	N	O	M	X	M	A	I	N	M	E	T	I
7	T	M	E	M	B	R	E	L	K	R	R	S
8	B	U	R	E	A	U	X	Y	U	V	I	T
9	J	O	U	R	N	A	U	X	T	I	E	R
10	O	C	C	A	S	I	O	N	S	C	B	E
11	E	U	W	O	F	F	I	C	I	E	R	U
12	L	J	M	X	R	D	O	S	H	S	S	L

Monsieur Dambreuse s'appelait de son vrai (0) ......*nom*........ (mno) le comte d'Ambreuse ; mais, dès 1825, abandonnant peu à peu sa noblesse et son parti, il s'était tourné vers l'(1) .... (sdrntiiue) ; et, l'(2) .... (irelloe) dans tous les bureaux, la (3) .... (iman) dans toutes les entreprises, à l'affût des bonnes (4) .... (nsaocisco), subtil comme un Grec et laborieux comme un Auvergnat, il avait amassé une (5) .... (tufrnoe) que l'on disait considérable. De plus, il était (6) .... (cerfiiof) de la Légion d'honneur, (7) .... (bmrmee) du conseil général de l'Aube, député, pair de France un de ces jours. Complaisant du reste, il fatiguait le (8) .... (smtnerii) par ses demandes continuelles de (9) .... (ouerscs), de croix, de (10) .... (uerbuxa)

32

de tabac ; et, dans ses bouderies contre le pouvoir, il inclinait au centre gauche. Sa femme, la jolie Mme Dambreuse, que citaient les (11) .... *(njaurxou)* de modes, présidait les assemblées de (12) .... *(raéicth)*. En cajolant les duchesses, elle apaisait les (13) .... *(uanrecns)* du noble faubourg et laissait croire que monsieur Dambreuse pouvait encore se repentir et rendre des (14) .... *(isecvers)*.

ACTIVITÉ DE PRÉ-LECTURE

Production écrite

Au jour de l'an, Frédéric envoya sa carte de visite à Dambreuse, mais il n'en reçut aucune. Il retourna plusieurs fois à l'*Art industriel,* le « patron » était chaque fois absent. Il finit par le voir, mais l'autre sembla ne pas le reconnaître et répondit à peine à son salut ; le jeune homme en fut blessé, mais n'en chercha pas moins comment parvenir jusqu'à *Elle*.

4 **Que pourrait faire Frédéric pour attirer l'attention du marchand d'art et/ou rencontrer Marie Arnoux ?**
Justifie ton choix en indiquant le POUR et le CONTRE de ta démarche.

- [ ] Acheter des tableaux à Arnoux ?
   AVANTAGE(S) ....
   INCONVÉNIENT(S) ....
- [ ] Envoyer des articles à son journal pour attirer son attention ?
   AVANTAGE(S) ....
   INCONVÉNIENT(S) ....
- [ ] Aller droit au but et déclarer son amour à madame Arnoux dans une longue lettre passionnée ?
   AVANTAGE(S) ....
   INCONVÉNIENT(S) ....
- [ ] Fréquenter les lieux à la mode : Le parc des Tuileries, le Jardin du Luxembourg, les Champs-Élysées … en espérant la rencontrer ?
   AVANTAGE(S) ....
   INCONVÉNIENT(S) ....

Chapitre 3

L'Art industriel

▶ 4   Désespérant de revoir jamais madame Arnoux, Frédéric se retourna vers Deslauriers et le supplia de venir partager sa chambre. Ils s'arrangeraient pour vivre avec ses deux mille francs de pension ; tout valait mieux que cette existence intolérable. Deslauriers ne pouvait encore quitter Troyes. Il l'engageait à se distraire, et à fréquenter Sénécal, un répétiteur* de mathématiques, homme de forte tête et de convictions républicaines, un futur Saint-Just, disait le clerc. Frédéric avait monté trois fois ses cinq étages, sans le trouver chez lui. Il n'y retourna plus.

L'hiver se termina. Frédéric fut moins triste au printemps ; il se mit à préparer quelques examens qu'il passa médiocrement*, partit ensuite pour Nogent. L'été passa comme le précédent ; L'espoir d'une invitation chez les Dambreuse l'avait quitté ; sa grande passion pour madame Arnoux commençait à s'éteindre. À la rentrée*, il abandonna son logement et prit, sur le quai Napoléon, deux pièces, qu'il meubla et reprit sans joie le chemin du Quartier Latin.

Un matin du mois de décembre, en se rendant au cours de procédure, il crut remarquer dans la rue Saint-Jacques plus d'animation qu'à l'ordinaire. Les étudiants sortaient précipitamment des cafés, ou, par les fenêtres ouvertes, s'appelaient d'une maison à l'autre ; les

répétiteur professeur particulier qui fait travailler les élèves chez eux

médiocrement en obtenant des résultats à la limite de la moyenne
rentrée (des classes) reprise des cours après les vacances d'été

boutiquiers, au milieu du trottoir, regardaient d'un air inquiet ; les volets se fermaient ; et, quand il arriva dans la rue Soufflot, il aperçut un grand rassemblement autour du Panthéon.

Frédéric se trouvait auprès d'un jeune homme blond, à figure avenante*, et portant moustache et barbiche comme un raffiné du temps de Louis XIII. Il lui demanda la cause du désordre.

— Je n'en sais rien, reprit l'autre, ni eux non plus ! Enfin si, aujourd'hui c'est contre l'impôt sur les portes et les fenêtres. Demain, on verra.

Et il éclata de rire.

Frédéric sentit quelqu'un lui toucher à l'épaule ; il se retourna. C'était Martinon, prodigieusement pâle.

— Eh bien ! fit-il en poussant un gros soupir, encore une émeute* !

Il avait peur d'être compromis, se lamentait. Des hommes en blouse, surtout, l'inquiétaient, comme appartenant à des sociétés secrètes.

— Est-ce qu'il y a des sociétés secrètes, dit le jeune homme à moustaches. C'est une vieille blague* du Gouvernement, pour épouvanter les bourgeois !

Martinon l'engagea à parler plus bas, dans la crainte de la police.

— Vous croyez encore à la police, vous ? Au fait, que savez-vous, Monsieur, si je ne suis pas moi-même un mouchard* ?

Et il le regarda d'une telle manière, que Martinon, fort ému, ne comprit point d'abord la plaisanterie.

Cependant, du fond de la place, quelques-uns crièrent :

— À bas Louis-Philippe !

— À bas les assommeurs* !

À ces cris, Martinon s'éclipsa discrètement.

---

avenante agréable
émeute soulèvement populaire accompagné généralement de violences

blague ici, invention, fausse nouvelle
mouchard espion, informateur
assommeurs ici, policiers, gendarmes

— Quel lâche* ! dit Frédéric.

— Il est prudent ! reprit l'autre.

D'ailleurs, les sergents de ville qui s'étaient jusque-là contentés d'observer les manifestants commençaient à pâlir ; l'un d'eux, provoqué par un petit jeune homme qui s'approchait de trop près, en lui riant au nez, le repoussa si rudement, qu'il le fit tomber cinq pas plus loin, sur le dos, devant la boutique d'un marchand de vin. Tous s'écartèrent. Mais, tout de suite après, il se retrouva lui-même terrassé* par une sorte d'Hercule. Les autres sergents accoururent ; le terrible garçon labourait la face de leur collègue à grands coups de poing. Il était si fort qu'ils durent se mettre à quatre pour l'immobiliser. La poitrine nue et les vêtements en lambeaux, il protestait de son innocence ; il n'avait pu, de sang-froid, voir battre un enfant.

— Je m'appelle Dussardier ! Je travaille chez Valinçart frères, dentelles et nouveautés, rue de Cléry.

Sans s'être consultés, Frédéric et son camarade réclamèrent, hardiment, celui qu'on voulait traîner en prison. Un officier les menaça, s'ils insistaient, de les y fourrer* eux-mêmes. Ils déclinèrent leur nom avec leur qualité d'élèves en droit, affirmant que le prisonnier était leur condisciple.

— Tu ne nous reconnais pas ? C'est moi, Hussonnet, dit le jeune homme à moustaches.

— Mais…, balbutia Dussardier.

— Ne fais donc plus l'imbécile, reprit Frédéric ; on sait que tu es, comme nous, élève en droit.

Dussardier comprit qu'ils venaient pour le servir ; et il se tut, craignant de les compromettre. D'ailleurs, il éprouvait une sorte de

---

lâche homme sans courage
terrassé plaqué au sol

fourrer mettre

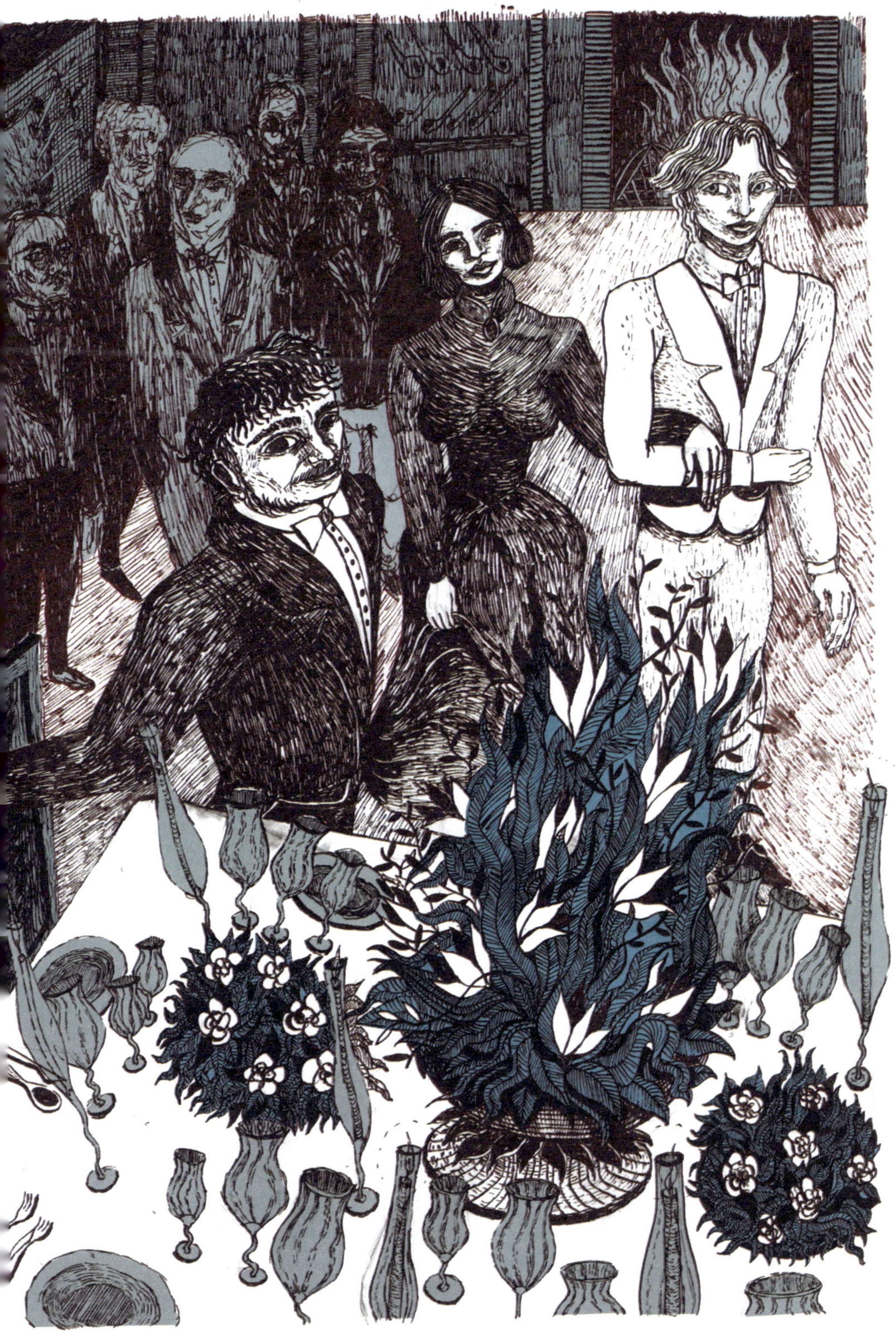

honte en se voyant haussé au rang social d'étudiant et le pareil de ces jeunes hommes qui avaient des mains si blanches. Lorsque les sergents de ville le relâchèrent, il courut vers les deux jeunes et leur serra frénétiquement la main, la voix entrecoupée par des sanglots.

— Comment ?... à moi ! à moi !

Les deux amis se dérobèrent* à sa reconnaissance et allèrent déjeuner ensemble.

Pendant le repas, Hussonnet apprit à son compagnon qu'il travaillait dans des journaux de modes et fabriquait des réclames* pour l'*Art industriel*.

— Chez Jacques Arnoux ? dit Frédéric, boulevard Montmartre ?

— Vous le connaissez ?

— Oui ! non !... C'est-à-dire je l'ai vu, je l'ai rencontré.

Il demanda négligemment à Hussonnet s'il voyait quelquefois sa femme. « De temps à autre », reprit le bohème*.

Frédéric n'osa poursuivre ses questions ; cet homme venait de prendre une place démesurée dans sa vie ; il paya la note du déjeuner, sans qu'il y eût de la part de l'autre aucune protestation. Comme la sympathie était réciproque, ils échangèrent leurs adresses en se quittant. Quelques semaines plus tard, ils étaient amis et Frédéric osa demander au garçon de lettres s'il pouvait le présenter chez Arnoux. La chose était facile, et ils convinrent du jour suivant.

Hussonnet manqua le rendez-vous ; il en manqua trois autres. Mais, un samedi, vers quatre heures, il apparut. Quand ils arrivèrent boulevard Montmartre, Arnoux reconnut Frédéric dans la glace placée devant son bureau ; et, tout en continuant à écrire, lui tendit la main par-dessus l'épaule.

---

se dérobèrent à sa reconnaissance abrégèrent les remerciements

réclames publicités
bohème artiste, écrivain vivant au jour le jour

— Cela va toujours bien ? fit-il en se tournant vers Frédéric.
Et, sans attendre sa réponse, il demanda bas à Hussonnet :
— Comment l'appelez-vous, votre ami ?
Puis tout haut :
— Prenez donc un cigare, sur le cartonnier, dans la boîte.

L'*Art industriel,* posé au point central de Paris, était un lieu de rendez-vous neutre où les artistes du moment se rencontraient volontiers et oubliaient leurs rivalités. C'étaient des portraitistes, des illustrateurs, des critiques comme Hussonnet, des caricaturistes, aussi. Deux personnages semblaient y avoir leurs habitudes. Le premier, un nommé Pellerin, exécutait pour Arnoux des copies de maître, en attendant de faire les chefs-d'œuvre dont il rêvait une fois qu'il aurait trouvé les règles de la beauté absolue ; l'autre, que tout le monde appelait le *Citoyen*, avait pour nom Regimbart, était républicain et passait son temps à parler de politique. Ils avaient, quoique* très différents l'un de l'autre, un point commun : ils se considéraient supérieurement intelligents et regardaient les autres avec condescendance*. Lorsque Frédéric était entré, la conversation roulait sur le prix des œuvres d'art : tous se plaignaient de ne pas gagner suffisamment.

— Quel tas de bourgeois vous êtes ! dit Pellerin. Qu'est-ce que cela fait, miséricorde ! Les vieux qui confectionnaient des chefs-d'œuvre ne s'inquiétaient pas du million. Corrège, Murillo…

— Ma femme compte sur vous jeudi, n'oubliez pas, lança Arnoux à Hussonnet. Et il ajouta en direction de Frédéric. Et nous comptons aussi sur vous, Moreau : un de mes clients genevois m'a promis une belle truite. C'est rue de Choiseul, 24 bis, nous vous attendons à sept heures.

quoique bien que
avec condescendance avec des airs de supériorité

Frédéric fut obligé de s'asseoir. Ses genoux chancelaient*. Il se répétait : « enfin ! enfin ! » en s'efforçant de dissimuler la violente émotion que lui procurait cette invitation inespérée. Une porte s'ouvrit au fond de la pièce, et une grande femme mince entra. C'était la femme entrevue, l'été dernier, au Palais Royal. Quelques-uns, l'appelant par son nom, échangèrent avec elle des poignées de main. Arnoux dit à Pellerin de rester, et conduisit mademoiselle Vatnaz – c'est ainsi qu'il l'avait appelée, dans le cabinet. Frédéric n'entendait pas leurs paroles ils chuchotaient. Cependant, la voix féminine s'éleva :

— Depuis six mois que l'affaire est faite, j'attends toujours !

Il y eut un long silence, Mademoiselle Vatnaz reparut. Arnoux lui avait sans doute promis quelque chose.

— Oh ! oh ! plus tard, nous verrons !

— Adieu, homme heureux ! dit-elle, en s'en allant.

Au retour, Frédéric accompagna Pellerin jusqu'au bout du faubourg Poissonnière, et lui demanda la permission de venir le voir quelquefois, faveur qui fut accordée gracieusement.

Le jeudi suivant, comme convenu, Frédéric allait quitter son appartement pour se rendre à l'invitation d'Arnoux, lorsque le concierge entra avec une malle sur l'épaule, suivi de Deslauriers. Frédéric, en l'apercevant, se mit à trembler comme une femme adultère sous le regard de son époux.

— Qu'est-ce donc qui te prend ? dit Deslauriers. Tu n'as pas l'air content de me voir, c'est pourtant toi qui m'a invité !

— Si, mais… Et il se jeta dans les bras de son ami.

Alors le clerc lui conta son histoire. Son père n'avait pas voulu rendre ses comptes de tutelle*, s'imaginant que ces comptes-là se

---

chancelaient tremblaient
comptes de tutelle ici, comptes relatifs à la partie d'héritage due aux enfants à la suite du décès de l'un ou des deux parents, et confiée à une personne adulte (ici, le père de Deslauriers) jusqu'à leur majorité légale

prescrivaient au bout de dix ans. Mais, fort en procédure, Deslauriers avait enfin arraché tout l'héritage de sa mère, sept mille francs nets*, qu'il tenait là, sur lui, dans un vieux portefeuille.

— C'est une réserve, en cas de malheur. Je vais les mettre à la banque dès demain matin. Pour aujourd'hui, vacance complète, et tout à toi, mon vieux* !

— Justement, je voulais te dire que ce soir, je dîne en ville !

— Chez les Dambreuse ? Pourquoi ne m'en parles-tu jamais dans tes lettres ?

Ce n'était pas chez les Dambreuse, mais chez les Arnoux.

« Voilà les riches ! » pensa Deslauriers en le regardant partir.

En entrant dans l'immeuble où habitait Arnoux, rue de Choiseul, Frédéric s'arrêta plusieurs fois dans l'escalier, tant son cœur battait fort. Arnoux, qui montait par derrière, le saisit par le bras et le fit entrer. Madame Arnoux était au salon. Comme elle se trouvait enveloppée d'ombre, il ne distingua d'abord que sa tête. Arnoux présenta Frédéric.

— Oh je reconnais monsieur parfaitement », répondit-elle.

Puis les convives* arrivèrent tous, presque en même temps. Lorsqu'on passa dans la salle à manger, Madame Arnoux prit son bras. Il était assis trois places au-dessous d'elle, sur le même côté. De temps à autre, elle se penchait un peu, en tournant la tête pour lui adresser quelques mots ; et, comme elle souriait alors, une fossette se creusait dans sa joue, ce qui donnait à son visage un air de bonté plus délicate.

— Mais mangez donc ! lui dit Arnoux en voyant son assiette pleine, ça va être froid !

---

nets tous frais payés
mon vieux (*fam.*) mon vieil ami

convives invités

ACTIVITÉS DE POST-LECTURE

Vocabulaire et compréhension

1 Ordonne les syllabes des mots pour en former 12 tirés du chapitre (la première syllabe de chaque mot est indiquée en gras) ; utilise ensuite ces mêmes mots pour résumer l'essentiel du chapitre.

    gesa**vi** .... *visage* ....
1. **ma**théquesti ....
2. sem**bla**rasment ....
3. **dé**sordre ....
4. **ma**nifestants ....
5. **in**cenceno ....
6. **re**concesansais ....
7. **dé**nerjeu ....
8. **jour**naux ....
9. **ar**testis ....
10. **in**taivition ....
11. **con**gecier ....
12. **hé**tageri ....

Compréhension

2a *Jacques Arnoux, homme de progrès.* Relie les débuts de phrases (1-7) à leur suite logique (A-G).

1. Après avoir poussé dans leurs débuts des maîtres contemporains,
2. Il recherchait l'émancipation des arts,
3. Toutes les industries du luxe parisien subirent son influence,
4. Avec sa rage de flatter l'opinion, il détourna de leur voie les artistes habiles,
5. Il faisait d'eux ce qu'il voulait
6. Les peintres sans talent ambitionnaient de voir leurs œuvres à sa vitrine
7. Frédéric le considérait à la fois comme millionnaire,

42

- [ ] **a** comme dilettante, comme homme d'action.
- [ ] **b** corrompit les forts, épuisa les faibles et illustra les médiocres.
- [ ] **c** grâce à ses relations et à sa revue.
- [ ] **d** le sublime à bon marché.
- [ ] **e** qui fut bonne pour les petites choses, et funeste pour les grandes.
- [ ] **f** le marchand de tableaux, homme de progrès, avait tâché, tout en conservant des allures artistiques, d'étendre ses profits pécuniaires.
- [ ] **g** et les tapissiers prenaient chez lui des modèles d'ameublement.

2b *Jacques Arnoux, commerçant malicieux*. Reconstitue le paragraphe en indiquant l'ordre logique des phrases.

- [ ] **a** Un de ses tours ordinaires avec les peintres était d'exiger comme pot-de-vin une réduction de leur tableau, sous prétexte d'en publier la gravure.
- [ ] **b** Il vendait toujours la réduction et jamais la gravure ne paraissait.
- [ ] **c** Exhibant une facture qui la portait à quatre mille, le marchand la revendait trois mille cinq cents, par complaisance.
- [1] **d** Arnoux était malicieux dans son commerce.
- [ ] **e** Il se croyait fort honnête, et, dans son besoin d'expansion, racontait naïvement ses indélicatesses.
- [ ] **f** À ceux qui se plaignaient d'être exploités, il répondait par une tape sur le ventre.
- [ ] **g** Il se faisait renvoyer du fond de l'Allemagne ou de l'Italie une toile qu'il avait lui-même achetée à Paris.
- [ ] **h** Payée quinze cents francs, son prix augmentait pendant l'aller-retour.
- [ ] **i** Excellent homme d'ailleurs, il prodiguait les cigares, tutoyait les inconnus, s'enthousiasmait pour une œuvre ou pour un homme.

3 *Regimbart*. Mets le texte au présent absolu.

Tous les jours, Regimbart (0) *s'asseyait* (0) ....*s'assied*.... au coin du feu, dans son fauteuil, (1) *s'emparait* .... du National, ne le (2) *quittait* .... plus, et *exprimait* (3) .... sa pensée par des exclamations ou de simples haussements d'épaules.

À huit heures du matin, il (4) *descendait* .... des hauteurs de Montmartre, pour prendre le vin blanc dans la rue Notre-Dame-des-Victoires. Son déjeuner, que (5) *suivaient* .... plusieurs parties de billard, (6) *durait* .... jusqu'à trois heures. Il (7) *se dirigeait* .... alors vers le passage des Panoramas, pour prendre l'absinthe. Les jours où il va (8) *allait* .... chez Arnoux, en sortant, il (9) *entrait* .... à l'estaminet Bordelais, pour prendre le vermouth ; puis, au lieu de rejoindre sa femme, souvent il (10) *préférait* .... dîner seul, dans un petit café de la place Gaillon, où il (11) *voulait* .... qu'on lui (12) *servît* .... « des plats de ménage, des choses naturelles » ! Enfin il (13) *se transportait* .... dans un autre billard, et y (14) *restait* .... jusqu'à minuit, jusqu'à une heure du matin, jusqu'au moment où le gaz éteint et les volets fermés, le maître de l'établissement, exténué, le (15) *suppliait* .... de sortir. Et ce (16) *n'était* .... pas l'amour des boissons qui (17) *attirait* .... dans ces endroits le citoyen Regimbart, mais l'habitude ancienne d'y causer politique ; avec l'âge, sa verve (18) *était* .... tombée, il (19) *n'avait* .... plus qu'une morosité silencieuse. On (20) *aurait dit* ...., à voir le sérieux de son visage, qu'il (21) *roulait* .... le monde dans sa tête. Rien n'en (22) *sortait* .... ; et personne, même de ses amis, ne lui (23) *connaissait* .... d'occupations.

ACTIVITÉS DE PRÉ-LECTURE

Grammaire du texte

4 *Pellerin*. **Lis le texte en choisissant chaque fois la préposition qui convient.**

Pellerin lisait tous les ouvrages d'esthétique (0) sans / *pour* découvrir la véritable théorie du Beau, convaincu, quand il l'aurait trouvée, de faire des chefs-d'œuvre. Il cherchait, se rongeait ; il accusait le temps, ses nerfs, son atelier, sortait (1) sur / dans la rue (2) pour / sans rencontrer l'inspiration, tressaillait de l'avoir saisie, puis abandonnait son œuvre et en rêvait une autre qui devait être plus belle. (3) À / dans cinquante ans, il n'avait encore produit que des ébauches. Son orgueil robuste l'empêchait de subir aucun découragement, mais il était toujours irrité, et (4) avec / dans cette exaltation à la fois factice et naturelle qui constitue les comédiens. Sa haine (5) sur / contre le commun et le bourgeois débordait en sarcasmes d'un lyrisme superbe, et il avait (6) avec / pour les maîtres une telle admiration, qu'elle le montait presque jusqu'à eux.

Mais pourquoi ne parlait-il jamais de Mme Arnoux ? Quant à son mari, tantôt il l'appelait un bon garçon, d'autres fois un charlatan. Frédéric attendait ses confidences. Un jour en feuilletant un de ses cartons, il trouva (7) sur / dans le portrait d'une bohémienne quelque chose de mademoiselle Vatnaz, et, comme cette personne l'intéressait, il voulut savoir sa position. Elle avait été, croyait Pellerin, d'abord institutrice en province, caissière (8) pour / dans un magasin de mode d'où elle avait été renvoyée (9) avec / sans motif, disait-elle ; maintenant, elle donnait des leçons et tâchait d'écrire (10) sur / dans les journaux. D'après ses manières (11) avec / pour Arnoux, on pouvait, selon Frédéric, la supposer sa maîtresse.

— Ah ! bah ! il en a d'autres !

Alors, le jeune homme, en détournant son visage qui rougissait de honte (12) contre / sous l'infamie de sa pensée, ajouta d'un air crâne :

— Sa femme le lui rend, sans doute ?

— Pas du tout ! elle est honnête !

Chapitre 4

Espoir et déception

▶ 5 En rentrant, Frédéric s'arrêta au milieu du Pont-Neuf, et, tête nue, poitrine ouverte, il aspira longuement l'air. Il sentait monter du fond de lui-même quelque chose d'intarissable, un afflux de tendresse qui l'énervait, comme le mouvement des ondes sous ses yeux. À l'horloge d'une église, une heure sonna, lentement, comme si une voix l'avait appelé. Alors, il fut saisi par un de ces frissons de l'âme où il vous semble qu'on est transporté dans un monde supérieur. Il se demanda, sérieusement, s'il serait un grand peintre ou un grand poète ; et il se décida pour la peinture, car les exigences de ce métier le rapprocheraient de Madame Arnoux. Pellerin serait son maître. Le but de son existence était clair maintenant, et l'avenir infaillible. Il avait enfin trouvé sa vocation !

Quand il eut refermé sa porte, il entendit quelqu'un qui ronflait*, dans le cabinet noir, près de la chambre. C'était Deslauriers. Il l'avait oublié.

Le lendemain, avant midi, il s'était acheté une boîte de couleurs, des pinceaux, un chevalet*. Pellerin consentit à lui donner des leçons, et Frédéric l'emmena dans son logement pour voir si rien ne manquait parmi ses ustensiles* de peinture.

Deslauriers était là en compagnie d'un jeune homme qui occupait le second fauteuil. Le clerc dit en le montrant :

---

ronflait dormait en faisant du bruit
chevalet support de bois sur lequel le peintre pose le tableau qu'il est en train d'exécuter

ustensiles instruments

— C'est lui ! le voilà ! Sénécal !

Ce garçon déplut à Frédéric. Son front était rehaussé par la coupe de ses cheveux taillés en brosse. Quelque chose de dur et de froid perçait dans ses yeux gris ; et sa longue redingote noire, tout son costume sentait le pédagogue et l'ecclésiastique.

Pellerin ouvrit la boîte de couleurs.

— Est-ce pour toi, tout cela ? dit le clerc.

— Mais sans doute !

— Tiens ! quelle idée !

Pellerin et Frédéric examinaient ensemble la palette, le couteau, les couleurs, puis ils vinrent à s'entretenir du dîner chez Arnoux.

— Le marchand de tableaux ? demanda Sénécal. Joli monsieur, vraiment !

Frédéric devint blême*.

— Il vous a donc fait bien du tort*, Monsieur ?

— À moi ? non ! Je l'ai vu, une fois, au café, avec un ami. Voilà tout.

Sénécal disait vrai. Mais il se trouvait agacé*, quotidiennement, par les réclames de l'*Art industriel*. Arnoux était, pour lui, le représentant d'un monde qu'il jugeait funeste* à la démocratie. Républicain austère, il suspectait de corruption toutes les élégances, n'ayant d'ailleurs aucun besoin, et étant d'une probité* inflexible.

La conversation eut peine à reprendre. Le peintre se rappela bientôt son rendez-vous, le répétiteur ses élèves ; et, quand ils furent sortis, après un long silence, Deslauriers fit différentes questions sur Arnoux.

— Tu me le présenteras plus tard, n'est-ce pas, mon vieux ?

— Certainement, dit Frédéric qui n'en pensait pas un mot.

---

blême très pâle
tort du mal ; 'faire du tort' à quelqu'un = lui porter préjudice
agacé exaspéré

funeste mauvais (pour)
probité honnêteté

D'ailleurs, ils se voyaient peu. Tous les matins, Frédéric s'essayait à la peinture chez Pellerin ; l'après-midi, il passait parfois à l'*Art industriel* dans l'espoir de rencontrer madame Arnoux. En vain. Quant à aller chez elle, il ne fallait pas y songer : les hommes qu'elle recevait ne lui faisaient pas de visites. Ceci dit, pour rien au monde il n'aurait manqué un mercredi ; et il y restait après tous les autres, plus longtemps que Regimbart, jusqu'à la dernière minute, en feignant de regarder une gravure, de parcourir un journal. Jusqu'à ce qu'Arnoux lui dise : « Êtes-vous libre, demain soir ? » Il acceptait avant que la phrase fût achevée*. Le marchand semblait d'ailleurs le prendre en affection. Il lui montra l'art de reconnaître les vins, à brûler le punch, à faire des salmis* de bécasses ; Frédéric suivait docilement ses conseils, aimant tout ce qui dépendait de madame Arnoux, ses meubles, ses domestiques, sa maison, sa rue. Il ne parlait guère pendant ces dîners, et mangeait peu : il lui suffisait de la contempler.

Il n'avait pas eu la force de cacher son amour pour *Marie* à Deslauriers. Quand il revenait de ses sorties du jeudi, il le réveillait comme par mégarde*, afin de pouvoir causer d'elle. Deslauriers se retournait vers le mur et s'endormait. Il ne comprenait rien à cet amour ; et, pour distraire son ami de cette passion qu'il regardait comme une dernière faiblesse d'adolescence, il imagina de réunir leurs amis communs une fois la semaine.

Ils arrivaient le samedi, vers neuf heures. Il y avait Sénécal, Martinon, Pellerin, de Cisy, Regimbart, et Hussonnet qui était arrivé un soir avec Dussardier, le garçon que Frédéric et lui avaient fait libérer l'année d'avant. Tous sympathisaient. D'abord, leur haine du Gouvernement avait la hauteur d'un dogme indiscutable. Martinon

---

achevée terminée
salmis ragoûts de gibier à plumes (faisan, perdrix, bécasse...)

par mégarde accidentellement, par inadvertance

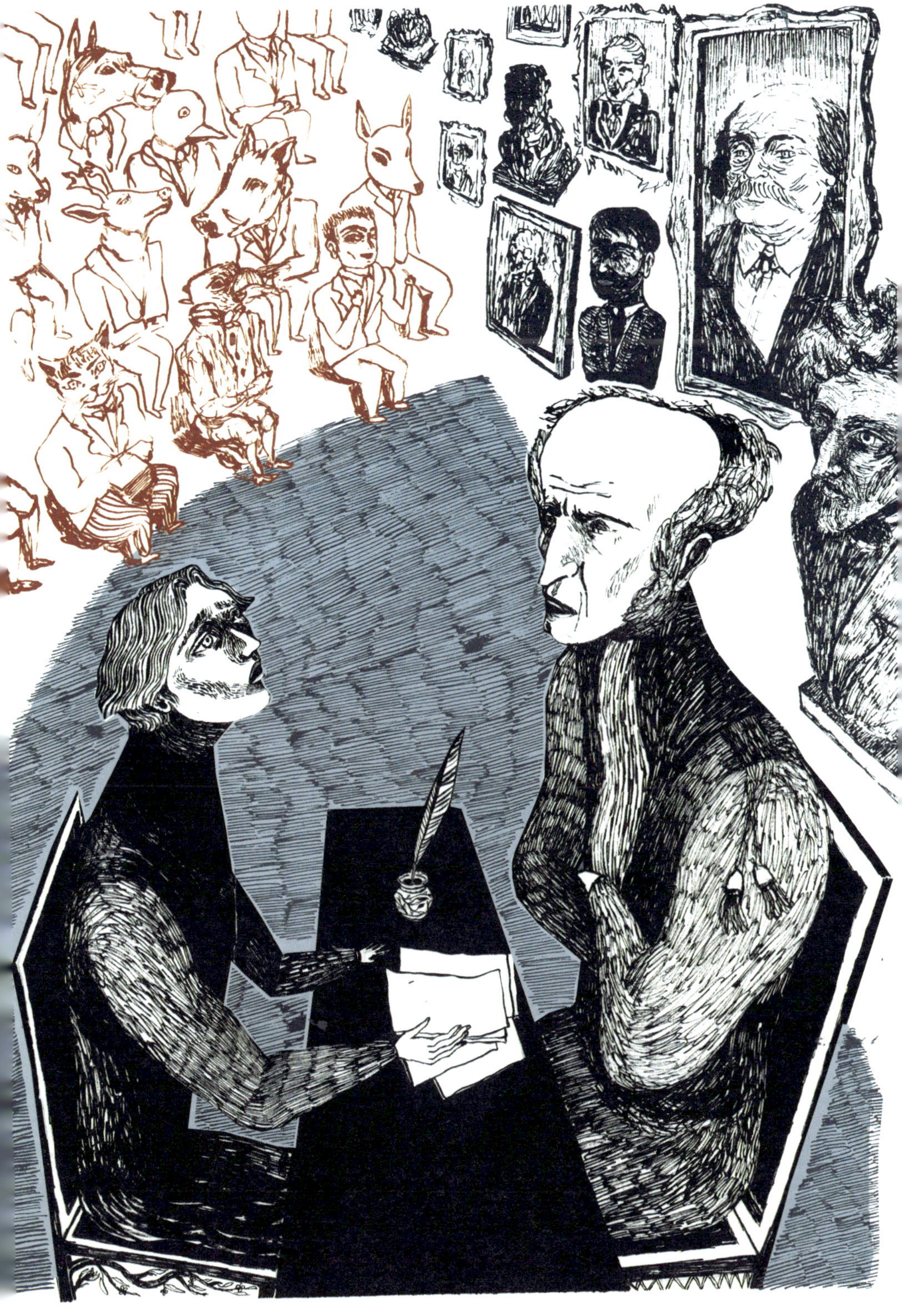

seul tâchait de défendre Louis-Philippe. On l'accablait* tant que l'étudiant modèle qui savait si bien plaire aux professeurs se taisait, craignant d'offenser quelqu'un. Il portait ordinairement une grosse redingote couleur mastic ; mais il apparut un soir dans une toilette de marié : gilet de velours à châle, cravate blanche, chaîne d'or. L'étonnement redoubla quand on sut qu'il sortait de chez Dambreuse. En effet, le banquier venait d'acheter au père Martinon une partie de bois considérable ; le bonhomme lui ayant présenté son fils, il les avait invités à dîner tous les deux.

Vint le moment des examens ; Frédéric, s'y rendit avec Deslauriers et Hussonnet. Malheureusement, n'ayant pas* suivi les cours, et s'étant* préparé à la dernière minute, il fut recalé*. En sortant de l'amphithéâtre, il se trouva nez à nez avec Martinon : son ancien camarade venait de passer sans encombre* son dernier examen. Restait seulement la thèse. Avant quinze jours, il serait licencié. Sa famille connaissait un ministre, « une belle carrière » s'ouvrait devant lui. Hussonnet haussa les épaules en le regardant partir.

— Celui-là t'enfonce* tout de même, dit malicieusement Deslauriers.

Rien n'est humiliant comme de voir les sots réussir dans les entreprises où l'on échoue. Frédéric, vexé, répondit qu'il s'en moquait. Ses prétentions étaient plus hautes ; et, comme Hussonnet faisait mine de s'en aller, il le prit à l'écart pour lui dire :

— Pas un mot de tout cela, chez eux, bien entendu !

Le secret était facile, puisque Arnoux, le lendemain, partait en voyage pour l'Allemagne.

Le soir, en rentrant, le Clerc trouva son ami singulièrement

---

on l'accablait on le critiquait
n'ayant pas comme il n'avait pas (suivi les cours)
s'étant comme il s'était (préparé à la dernière minute)
fut recalé échoua
sans encombre avec succès
t'enfonce (*fam.*) est meilleur que toi

changé : il pirouettait, sifflait ; et, comme il s'étonnait de ce changement d'humeur, Frédéric déclara qu'il n'irait pas chez sa mère ; il emploierait ses vacances à travailler.

En réalité, c'était la nouvelle du départ d'Arnoux qui l'avait ainsi transformé. Il pensait profiter de son absence pour se présenter rue de Choiseul ; la conviction d'une sécurité absolue lui donnerait le courage qui lui avait manqué jusqu'alors. Il écrivit à sa mère pour la prévenir ; il confessa d'abord son échec, occasionné par des changements faits dans le programme, — un hasard, une injustice — d'ailleurs, tous les grands avocats avaient été refusés à leurs examens. Mais il comptait se présenter de nouveau à l'automne. Or, n'ayant pas de temps à perdre, il n'irait point à la maison cette année ; et il demandait, outre l'argent d'un trimestre, deux cent cinquante francs, pour des répétitions de droit, fort utiles ; le tout enguirlandé* de regrets, condoléances, chatteries* et protestations d'amour filial.

Madame Moreau, qui l'attendait le lendemain, fut chagrinée* doublement. Elle cacha la mésaventure de son fils aux habitués de son salon, et lui répondit « de venir tout de même ». Frédéric ne céda pas. Une brouille* s'ensuivit. À la fin de la semaine, néanmoins, il reçut l'argent du trimestre avec la somme destinée aux répétitions, laquelle servit à payer un pantalon gris perle, un chapeau de feutre blanc et une badine à pomme d'or. Le lendemain, il se fit conduire en fiacre rue de Choiseul. Il monta vivement l'escalier, tira le cordon de la sonnette, une fois, deux fois, attendit longtemps... alors qu'il s'apprêtait à partir, la porte s'ouvrit brusquement et Arnoux apparut sur le seuil, les cheveux ébouriffés*, la face cramoisie et l'air maussade*.

— Tiens ! Qui diable vous amène ? Entrez !

---

enguirlandé ici, accompagné de
chatteries expressions douces et tendres ; câlineries, minauderies
fut chagrinée éprouva de la tristesse

brouille fâcherie
ébouriffés dans tous les sens
l'air maussade de mauvaise humeur

GUSTAVE FLAUBERT

Il l'introduisit, non dans le boudoir ou dans sa chambre, mais dans la salle à manger, où l'on voyait sur la table une bouteille de vin de Champagne avec deux verres ; et, d'un ton brusque :

— Vous avez quelque chose à me demander, cher ami ?

— Non ! rien ! rien ! balbutia le jeune homme, cherchant un prétexte à sa visite.

Enfin, il dit qu'il était venu prendre de ses nouvelles, car il le croyait en Allemagne, sur le rapport d'Hussonnet.

— Nullement ! reprit Arnoux. Quelle linotte* que ce garçon-là, il comprend tout de travers !

Afin de dissimuler son trouble, Frédéric marchait de droite et de gauche, dans la salle. En heurtant le pied d'une chaise, il fit tomber une ombrelle posée dessus ; le manche d'ivoire se brisa*.

— Mon Dieu ! s'écria-t-il, comme je suis chagrin* d'avoir brisé l'ombrelle de Madame Arnoux.

À ce mot, le marchand releva la tête, et eut un singulier sourire. Frédéric, prenant l'occasion qui s'offrait de parler d'elle, ajouta timidement :

— Est-ce que je ne pourrai pas la voir ?

Elle était dans son pays, près de sa mère malade.

Il n'osa faire de questions sur la durée de cette absence. Il demanda seulement quel était le pays de madame Arnoux.

— Chartres ! Cela vous étonne ?

— Moi ? non ! pourquoi ? Pas le moins du monde !

Ils ne trouvèrent, ensuite, absolument rien à se dire. Arnoux, qui s'était fait une cigarette, tournait autour de la table, en soufflant. Frédéric en profita pour se retirer. Un morceau de journal, roulé en

linotte personne étourdie
se brisa se cassa

je suis chagrin je suis désolé

boule, traînait par terre, dans l'antichambre ; Arnoux le prit ; et, se haussant sur la pointe des pieds, il l'enfonça dans la sonnette, pour continuer, dit-il, sa sieste interrompue. Puis, en lui donnant une poignée de main :

— Avertissez le concierge, s'il vous plaît, que je n'y suis pas !

Et il referma la porte sur son dos, violemment.

Alors commencèrent pour Frédéric trois mois d'ennui. Comme il n'avait aucun travail, son désœuvrement renforçait sa tristesse. Quand il ne préparait pas ses derniers examens, il passait des heures à regarder, du haut de son balcon, la rivière qui coulait entre les quais grisâtres. Ou il se couchait sur son divan, se morfondant* jusqu'au soir. Pour se débarrasser de lui-même, il lui arrivait de sortir et de marcher des heures durant dans Paris. Une nuit, exténué, il s'était endormi sur un banc. Des agents de police l'avaient réveillé, convaincus qu'il « avait fait la noce* ». Il erra jusqu'au petit matin. Sur le Pont-Neuf il se souvint de ce soir de l'autre hiver où, sortant de chez elle, pour la première fois, il lui avait fallu s'arrêter, tant son cœur battait vite sous l'étreinte de ses espérances. Toutes étaient mortes, maintenant ! Il se demanda pourquoi n'en pas finir ? Rien qu'un mouvement à faire ! Le poids de son front l'entraînait, il voyait son cadavre flottant sur l'eau ; Frédéric se pencha. Le parapet était un peu large, et ce fut par lassitude qu'il n'essaya pas de le franchir.

se morfondant s'ennuyant profondément
qu'il avait fait la noce qu'il avait fait la fête

ACTIVITÉS DE POST-LECTURE

Vocabulaire et compréhension

1 Complète le résumé des trois premiers chapitres à l'aide des mots dans l'encadré (attention, un même mot peut servir plusieurs fois).

> aristocrate • artistes • atelier • baccalauréat • banquier
> boutique • épouse • héritage • magasin • manifestation
> marchand • monarchie • peintre • politique

Son .... (0) en poche, Frédéric Moreau rentre à Nogent après avoir rendu visite à son oncle dont il espère un jour l'................. (1). Dans le bateau qui le ramène chez lui, il fait la connaissance du .... (2) d'art, Jacques Arnoux ; fasciné par son .... (3) dont il tombe amoureux à première vue, il se promet de la revoir à Paris, après les vacances d'été. Deux mois plus tard, Frédéric arrive à Paris avec une lettre de présentation pour le .... (4) Dambreuse, une connaissance du père Roque, son voisin à Nogent. Malgré un accueil amical, cette première visite reste sans suite. Parallèlement, Frédéric entreprend, sans enthousiasme, ses études de droit. À l'école, il retrouve un ancien camarade de collège, Martinon, et fait la connaissance d'un jeune .... (5) de Cisy. Un jour, par hasard, il tombe sur le .... (6) de Jacques Arnoux ; il entre, mais le mari le reconnaît à peine et sa femme n'est pas là.
Vers la fin de l'année 1841, Frédéric fait la connaissance d'un critique d'art au cours d'une .... (7) contre le gouvernement. Celui-ci, lui apprend qu'il travaille pour *L'Art industriel*, le journal d'Arnoux. Frédéric en profite pour se faire introduire auprès du .... (8) de tableaux. Dans sa .... (9), il fait la rencontre de plusieurs .... (10) connus, notamment un .... (11) Pellerin, qui accepte de lui donner des cours dans son .... (12) et Regimbart, un républicain farouchement opposé à la .... (13) qui fait chaque jour la tournée des cafés où il parle de .... (14) avec des sympathisants socialistes comme lui.

Phonétique et orthographe

2 *L'obsession de madame Arnoux.* **Rétablis l'orthographe des transcriptions phonétiques.**

[lɔʁskəmadamaʁnuʁɑ̃tʁaapaʁiledineʁəkɔmɑ̃seʁ]
<u>Lorsque madame Arnoux rentra à Paris, les dîners recommencèrent</u> (0) ;
et Frédéric devint rapidement un des plus fidèles habitués de
l'*Art industriel*. Et plus il fréquentait madame Arnoux, plus ses
langueurs augmentaient.
[lakɔ̃tɑ̃plasjɔ̃dəsɛtfamlenɛʁvekɔmlyzaʒdœ̃paʁfɛ̃tʁɔfɔʁ]
.... (1) .
Cela descendit dans les profondeurs de son
tempérament, et devenait presque une manière
générale de sentir, un mode nouveau d'exister. Toutes
les femmes lui rappelaient celle-là, par des similitudes
ou par des contrastes violents ; [tutləʁykɔ̃dɥizevɛʁsamezɔ̃]
.... (2) :
les voitures ne stationnaient sur les places que pour
y mener plus vite ; Paris se rapportait à sa personne,
[elagʁɑ̃dvilavɛktutsevwabʁɥisɛkɔmœ̃nimɑ̃sɔʁkɛstʁotuʁdɛl]
.... (3) .
Quant à essayer d'en faire sa maîtresse, il était sûr que toute
tentative serait vaine.
Il enviait le talent des pianistes, les balafres des
soldats. [ilswɛtɛynmaladidɑ̃ʒøʁøzɛspeʁɑ̃tdəsɛtfasɔ̃lɛ̃teʁɛse]
.... (4) .
Mais incapable d'action, maudissant Dieu et s'accusant d'être
lâche, il tournait dans son désir, comme un prisonnier dans son
cachot. Une angoisse permanente l'étouffait. Un soir qu'il était
rentré en larmes, Deslauriers lui dit :
— Mais qu'est-ce que tu as ?
— Elle a refusé son bras, pour prendre celui de Dittmer, se désolait
Frédéric.
— Ah ! quelle bêtise !
— Attends, ensuite elle m'a appelé son « ami ».
— Vas-y gaiement, alors !
— Mais je n'ose pas.
— Eh bien, n'y pense plus. Bonsoir.

Compréhension et production écrite

3 *La maison de campagne.* **Lis la scène puis réponds à la question.**

Pourquoi madame Arnoux ne veut-elle plus du bouquet de son mari ?

....

....

Au printemps, Arnoux organisa une partie de campagne dans sa propriété de Saint-Cloud. Devant l'*Art industriel*, alors qu'il attendait la voiture qui devait l'y conduire, Frédéric vit arriver mademoiselle Vatnaz. Désappointée de ne pas voir Arnoux, elle lui écrivit une lettre et chargea Frédéric de la remettre sans témoins. Après avoir lu la lettre de la Vatnaz, Arnoux se mordit un instant les lèvres.
Puis, ayant fourré la missive dans sa poche, il emmena les invités visiter son domaine.
En fin d'après-midi, Arnoux donna l'ordre à son domestique d'atteler sa voiture. Une lettre de son caissier le rappelait.
— Veux-tu que je m'en retourne avec toi ? dit madame Arnoux.
— Mais certainement !
Et, en lui faisant un beau salut :
— Vous savez bien, Madame, qu'on ne peut vivre sans vous !
Frédéric et Hussonnet rentrèrent à Paris dans la voiture d'Arnoux. Avant de partir, Arnoux descendit dans le jardin, pour cueillir des roses. Puis, le bouquet étant lié avec un fil, comme les tiges dépassaient inégalement, il fouilla dans sa poche, pleine de papiers, en prit un au hasard, les enveloppa, consolida son œuvre avec une forte épingle et il l'offrit à sa femme, avec une certaine émotion.
— Tiens, ma chérie, excuse-moi de t'avoir oubliée !
Mais elle poussa un petit cri ; l'épingle, sottement mise, l'avait blessée, et elle remonta dans sa chambre. On l'attendit près d'un quart d'heure. Enfin elle reparut, enleva Marthe, se jeta dans la voiture.
— Et ton bouquet ? dit Arnoux.
— Non ! non ! ce n'est pas la peine !
Frédéric courait pour l'aller prendre ; elle lui cria :
— Je n'en veux pas !

ACTIVITÉ DE PRÉ-LECTURE

Grammaire du texte

4 *Conditionnel et futur dans le passé*. **Complète le texte en conjuguant au conditionnel présent les verbes en italique.**

Vers la fin du printemps, Frédéric se mit à travailler de toutes ses forces.

Il se voyait dans une cour d'assises, par un soir d'hiver, à la fin des plaidoiries, quand les jurés sont pâles et que la foule haletante fait craquer les cloisons du prétoire, il *parler* ……………… (0) pendant des heures et des heures, *résumer* ……………… (1) toutes ses preuves, en *découvrir* ……………… (2) sans cesse de nouvelles, et *sentir* ……………… (3) à chaque phrase, à chaque mot, à chaque geste le couperet de la guillotine, suspendu derrière lui, se relever ; puis, à la tribune de la Chambre, orateur qui porte sur ses lèvres le salut de tout un peuple, il *noyer* ……………… (4) ses adversaires sous ses prosopopées, les *écraser* ……………… (5) d'une riposte, avec des foudres et des intonations musicales dans la voix, ironique, pathétique, emporté, sublime ; elle *être* ……………… (6) là, quelque part, au milieu des autres, et *cacher* ……………… (7) sous son voile ses pleurs d'enthousiasme ; ils se *retrouver* ……………… (8) ensuite ; — et les découragements, les calomnies et les injures ne l'*atteindre* ……………… (9) pas, si elle disait : « Ah ! cela est beau ! » en lui passant sur le front ses mains légères.

Jusqu'au mois d'août, il s'enferma, et fut reçu à son dernier examen.

Deslauriers, qui avait eu tant de mal à lui seriner encore une fois le deuxième à la fin de décembre et le troisième en février, s'étonnait de son ardeur. Alors, les vieux espoirs revinrent. Dans dix ans, il fallait que Frédéric soit député ; dans quinze, ministre ; pourquoi pas ? Avec son patrimoine qu'il allait toucher bientôt, il pouvait, d'abord, fonder un journal ; ce *être* ……………… (10) le début ; ensuite, on *voir* ……………… (11). Quant à lui, qui ambitionnait toujours une chaire à l'École de droit, il *soutenir* ……………… (12) sa thèse pour le doctorat d'une façon si remarquable, qu'elle lui *valoir* ……………… (13) les compliments des professeurs.

Chapitre 5

Vie de province

▶ 6 Frédéric passa ses derniers examens en août et rentra à Nogent après avoir soutenu* sa thèse. Le lendemain de son arrivée, Madame Moreau emmena son fils dans le jardin. Elle se dit heureuse de lui voir un état*, car ils n'étaient pas aussi riches que l'on croyait ; la terre rapportait peu ; les fermiers payaient mal ; elle avait même été contrainte de vendre sa voiture. Enfin, elle lui exposa leur situation. Dans les premiers embarras* de son veuvage, en homme astucieux, monsieur Roque, leur voisin, lui avait fait des prêts d'argent qu'elle n'avait jamais pu rembourser. Un jour, il était venu les réclamer ; et elle avait dû lui céder à un prix dérisoire* une de ses fermes. Dix ans plus tard, c'est son capital qui disparaissait dans la faillite d'un banquier, à Melun. Par horreur des hypothèques et pour conserver des apparences utiles à l'avenir de son fils, comme le père Roque se présentait de nouveau, elle l'avait écouté, encore une fois. Et perdu une seconde ferme. Mais elle était quitte*, maintenant. Bref, il leur restait environ dix mille francs de rente*, dont deux mille trois cents à lui, tout son patrimoine !

— Ce n'est pas possible ! s'écria Frédéric.

Elle eut un mouvement de tête signifiant que cela était très possible. Quant à son oncle, elle lui conseillait de ne pas trop compter sur l'héritage.

---

soutenu passé
de lui voir un état qu'il avait un diplôme lui permettant de travailler
embarras ici, difficultés d'argent

dérisoire exagérément bas
elle était quitte elle ne devait plus rien
rente revenus annuels

Ruiné, dépouillé, perdu !

Il était resté sur le banc, comme étourdi par une commotion*. Il maudissait le sort, il aurait voulu battre quelqu'un ; et, pour renforcer son désespoir, il sentait peser sur lui une sorte d'outrage*, un déshonneur ; car Frédéric s'était imaginé que sa fortune paternelle monterait un jour à quinze mille livres de rente, et il l'avait fait savoir, d'une façon indirecte, aux Arnoux. Il allait donc passer pour un hâbleur*, un drôle, un obscur polisson, qui s'était introduit chez eux dans l'espérance d'un profit quelconque ! Et elle, madame Arnoux, comment la revoir, maintenant ?

Cela, d'ailleurs, était complètement impossible, n'ayant que trois mille francs de rente ! Il ne pouvait loger toujours au quatrième, avoir pour domestique le portier, et se présenter avec de pauvres gants noirs bleuis du bout, un chapeau gras, la même redingote pendant un an. Non, non ! jamais ! Cependant, l'existence était intolérable sans elle, et il se trouva lâche d'attacher une pareille importance à des choses médiocres comme l'argent. La misère, peut-être, centuplerait ses facultés. Il s'exalta, en pensant aux grands hommes qui travaillent dans les mansardes*. Une âme comme celle de madame Arnoux devait s'émouvoir à ce spectacle, et elle s'attendrirait.

Il déclara le soir, à sa mère, qu'il avait l'intention de retourner à Paris. Madame Moreau fut surprise et indignée. C'était une folie, une absurdité. Il ferait mieux de suivre ses conseils, c'est-à-dire de se trouver un emploi dans la région. Frédéric haussa les épaules, se trouvant insulté par cette proposition. Alors, la bonne dame employa une autre méthode. D'une voix tendre et avec de petits sanglots, elle se mit à lui parler de sa solitude, de sa vieillesse, des sacrifices qu'elle

---

commotion choc émotionnel ; vive émotion
outrage affront, insulte grave
hâbleur vantard (drôle et polisson ont ici à peu près le même sens)

mansarde(s) pièce aménagée sous le toit d'un immeuble, d'une maison

avait faits. Maintenant qu'elle était plus malheureuse, il l'abandonnait. Ces lamentations se répétèrent vingt fois par jour, durant trois mois ; et, en même temps, les délicatesses du foyer* le corrompaient ; il jouissait d'avoir un lit plus mou, des serviettes sans déchirures ; si bien que, lassé, énervé, vaincu enfin par la terrible force de la douceur, Frédéric se laissa conduire chez maître Prouharam. Il n'y montra ni science ni aptitude. On l'avait considéré jusqu'alors comme un jeune homme de grands moyens, qui devait être la gloire du département. Ce fut une déception publique.

Au début de sa nouvelle vie, Frédéric commença par se dire qu'il fallait avertir madame Arnoux, mais la crainte d'avouer sa situation le retenait. Après quinze jours d'hésitations, il prit la décision de ne jamais revenir à Paris et de n'en informer personne ; quant à elle : « De toute façon, je ne la reverrai plus. Elle me croira mort, et me regrettera... peut-être ».

Cependant, madame Arnoux lui manquait. Il la revoyait, de loin, telle qu'elle lui était apparue à chacune de leurs rencontres ; Il entendait le son de sa voix, se perdait dans la lumière de ses yeux ; et, se considérant comme un homme mort, il ne faisait plus rien, absolument. Il se levait très tard, et regardait par sa fenêtre les attelages de rouliers* qui passaient. Les six premiers mois, surtout, furent abominables*. Certains jours, pourtant, une indignation le prenait contre lui-même. Alors, il sortait. Il s'en allait dans les prairies, à moitié couvertes durant l'hiver par les débordements de la Seine ; le soir, en rentrant, il exhalait sa mélancolie dans de longues lettres à Deslauriers. De son côté, le clerc se démenait pour percer* ; la conduite

---

du foyer de la maison
rouliers charretiers ; autrefois conducteurs de voitures à cheval pour le transport des marchandises

abominables terribles, insupportables
percer ici, réussir socialement, sortir du lot

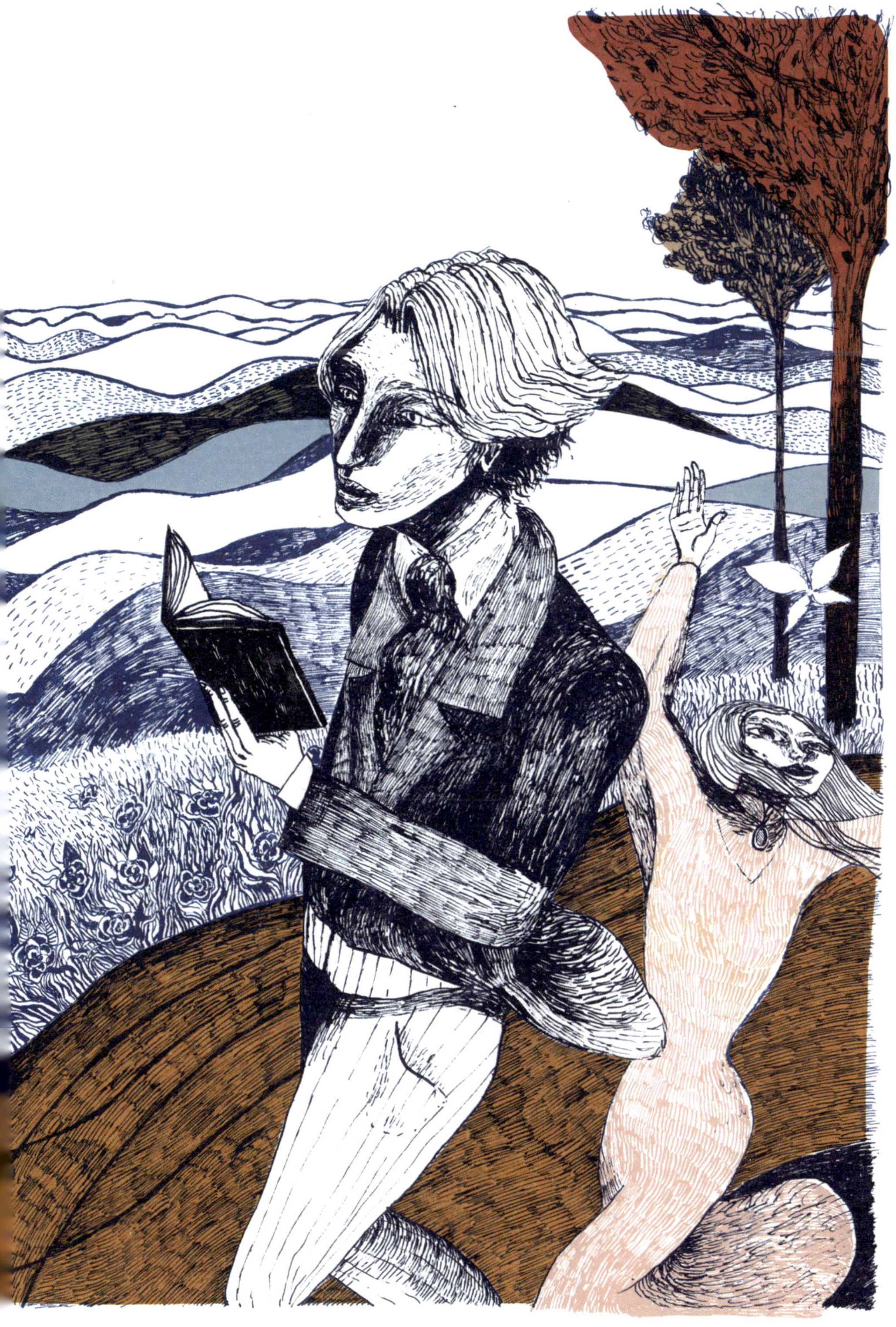

lâche de son ami et ses éternelles jérémiades* lui semblaient stupides. Bientôt, leur correspondance* devint presque nulle. Frédéric avait donné tous ses meubles à son ami, et lui avait laissé son logement. Un jour, il reçut une lettre : c'était justement Deslauriers qui lui disait qu'il avait recueilli Sénécal, et que depuis quinze jours, ils vivaient ensemble. Donc, Sénécal s'étalait, maintenant, au milieu des choses qui lui appartenaient, les gravures qu'il avait achetées chez Arnoux, son matériel de peinture ! Il pouvait les vendre, faire des remarques dessus, des plaisanteries. Frédéric se sentit blessé jusqu'au fond de l'âme. Il monta dans sa chambre. Il avait envie de mourir.

De son côté, le père Roque s'arrangeait pour se trouver dans son jardin lorsque « le fils Moreau » y prenait l'air. Les deux terrains étant mitoyens*, séparés par une simple clôture de bâtons, cela ne lui était pas difficile. Dès qu'il voyait apparaître le jeune homme, il le saluait bien bas et lui faisait mille politesses, le plaignant* de devoir habiter une si petite ville. Un jour, il raconta que monsieur Dambreuse avait demandé de ses nouvelles. Frédéric en fut flatté, et en même temps triste, comme chaque fois que l'on évoquait directement ou indirectement Paris devant lui. Le père Roque était souvent accompagné de sa fille, Louise, qui se prit d'affection pour le jeune homme ; à tel point que lorsque le père était absent, c'était elle qui venait prendre de ses nouvelles. Elle avait l'âge de la fille de madame Arnoux, si bien que quand Frédéric la rencontrait, il était toujours agréable avec cette enfant qui lui rappelait sa passion.

— Voulez-vous me permettre de vous embrasser, Mademoiselle ? lui dit-il un jour.

Elle leva la tête, et répondit :

---

jérémiades lamentations, récriminations
correspondance échange de lettres

mitoyens côte à côte
le plaignant le compatissant, partageant sa tristesse

— Je veux bien !

Le jeune homme se pencha par-dessus la haie et la saisit au bout de ses bras, en la baisant sur les deux joues ; puis il la remit chez elle, par le même procédé, qui se renouvela les fois suivantes.

Un jour que madame Moreau était sortie, il la fit monter dans sa chambre. Elle ouvrit tous les flacons d'odeur et se pommada les cheveux abondamment ; puis, sans la moindre gêne*, elle se coucha sur le lit où elle restait tout de son long, éveillée.

— Je m'imagine que je suis ta femme, disait-elle.

Souvent il l'emmenait avec lui dans ses promenades. Tandis qu'il rêvassait en marchant, elle cueillait des coquelicots au bord des blés, et, quand elle le voyait plus triste qu'à l'ordinaire, elle tâchait de le consoler par de gentilles paroles. Le cœur de Frédéric, privé d'amour, se rejeta sur cette amitié d'enfant ; il lui dessinait des bonshommes, lui contait des histoires et il se mit à lui faire des lectures. Mais, une nuit, après qu'il lui avait lu *Macbeth,* elle se réveilla en criant : « La tache ! la tache ! », ses dents claquaient, elle tremblait, et, fixant des yeux épouvantés sur sa main droite, elle la frottait en disant : « Toujours une tache ! » Enfin arriva le médecin, qui prescrivit* d'éviter les émotions. Les bourgeois ne virent là-dedans qu'un pronostic* défavorable pour ses mœurs*. On disait que « le fils Moreau » voulait en faire plus tard une actrice.

Bientôt il fut question d'un autre événement, à savoir l'arrivée de l'oncle Barthélemy. Madame Moreau lui donna sa chambre à coucher, et poussa la condescendance jusqu'à servir du gras les jours maigres. Le vieillard fut médiocrement aimable. C'étaient de perpétuelles comparaisons entre le Havre et Nogent, dont il trouvait l'air lourd,

---

gêne ici, retenue
prescrivit ordonna

pronostic signe qui laisse présager de ce qui risque d'arriver
pour ses mœurs ici, pour sa vertu

le pain mauvais, les rues mal pavées, la nourriture médiocre et les habitants des paresseux. Enfin, il partit au bout d'une semaine sans rien dire de ses intentions.

— Tu n'auras rien ! dit madame Moreau en rentrant dans la salle.

L'après-midi, Frédéric entendit une voix qui l'appelait sous sa fenêtre. C'était le père Roque, seul dans sa voiture, qui lui proposait de l'accompagner chez les Dambreuse.

— Vous n'avez pas besoin d'invitation avec moi soyez sans crainte !

Frédéric eut envie d'accepter. Mais comment expliquerait-il son séjour définitif à Nogent ? Il n'avait pas un costume d'été convenable ; enfin que dirait sa mère ? Il refusa.

Dès lors*, le voisin se montra moins amical. D'ailleurs, Louise grandissait ; et la liaison se dénoua au grand plaisir de madame Moreau, qui n'avait jamais vu cette amitié de bon œil. Elle rêvait d'acheter à son fils le greffe* du tribunal ; Frédéric ne repoussait pas trop cette idée. Quant à son amour, il avait pris, avec le temps, une douceur funèbre, un charme assoupissant; et madame Arnoux était pour lui comme une morte dont il s'étonnait de ne pas connaître le tombeau, tant cette affection était devenue tranquille et résignée.

Une autre année passa de la sorte, sans joie. Un jour, le 12 décembre 1845, vers neuf heures du matin, la cuisinière monta une lettre dans sa chambre. L'adresse, en gros caractères, était d'une écriture inconnue ; et Frédéric, sommeillant, ne se pressa pas de la décacheter. Enfin il lut :

— Justice de paix du Havre. IIIe arrondissement.
— Monsieur,
— M. Moreau, votre oncle, étant mort ab intestat*...

---

dès lors à partir de ce moment-là
greffe dans un tribunal, bureau où sont conservés les actes judiciaires

ab intestat sans avoir fait de testament

Il héritait !

Comme si un incendie avait éclaté derrière le mur, il sauta hors de son lit, pieds nus, en chemise : il se passa la main sur le visage, doutant de ses yeux. Croyant qu'il rêvait encore, il ouvrit la fenêtre toute grande et relut la lettre trois fois de suite ; rien de plus vrai : toute la fortune de l'oncle ! Vingt-sept mille livres de rente !

Le 15 décembre 1845, tôt le matin, Frédéric arriva à Paris. Il avait voyagé de nuit. Il s'installa provisoirement dans un hôtel élégant de la capitale et se rendit dans la matinée boulevard Montmartre. En marchant, il souriait à l'idée de revoir bientôt, sur la plaque de marbre, le nom chéri ; il leva les yeux. Plus de vitrines, plus de tableaux, rien ! Il courut à la rue de Choiseul. Plus d'Arnoux ; partis sans laisser d'adresse. Alors Frédéric monta jusqu'à l'atelier de Pellerin. Vide, lui aussi. Il chercha Hussonnet ; introuvable. Il fit alors le tour des cafés et finit par trouver le Citoyen dans l'arrière-salle d'un estaminet.

— Ah ! il y a longtemps que je vous cherchais, vous !

Sans s'émouvoir, Regimbart lui tendit la main comme s'il l'avait vu la veille, puis porta son bock à ses lèvres.

— Arnoux va bien ?

La réponse fut longue à venir, Regimbart se gargarisait avec son liquide.

— Oui, pas mal !

— Où demeure-t-il donc, maintenant ?

— Mais… rue Paradis-Poissonnière », répondit le Citoyen étonné.

— Quel numéro ?

— Trente-sept, parbleu*, vous êtes drôle* !

---

parbleu juron qui marque ici l'étonnement
drôle ici, étrange, bizarre

ACTIVITÉS DE POST-LECTURE

Orthographe et syntaxe

1 *Le père Roque et sa fille.* Sépare correctement les mots du texte, puis remplis les vides avec les groupes de lettres ci-dessous.

> quiluidonnaitinvariablementraison
> Ellevivaitseuledanssonjardin • Dèslelendemaindesonmariage
> sortaitvêtuecommeuneprincesse • parlanaissanced'unefille

Jusqu'à | cinquante | ans, | il | s'était | contenté | des | services | de | Catherine ...

uneLorrainedumêmeâgequelui,etfortementmarquéedepetitevérole.Mais,vers1834,ilramenadeParisunebelleblonde,àfiguremoutonnière,à»portdereine".Onlavitbientôtsepavaneravecdegrandesbouclesd'oreilles,ettoutfutexpliqué, (1) ....,déclaréesouslesnomsd'Elisabeth-OlympeLouiseRoque.Catherine,danssajalousie,sattendaitàexécrercetteenfant.Aucontraire,ellel'aima.Ellel'entouradesoins,d'attentionsetdecaresses,poursupplantersamèreetlarendreodieuse,entreprisefacile,carmadameEléonorenégligeaitcomplètementlapetite,préférantbavarderchezlesfournisseurs. (2) ....,elleallafaireunevisiteàlasouspréfecture,netutoyapluslesservantes,etcrutdevoir,parbonton,semontrersévèrepoursonenfant.Elleassistaitàsesleçons;leprofesseur,unvieuxbureacratedelamairie,nesavaitpassyprendre.L'élèvesinsurgeait,recevaitdesgifles,etallaitpleurersurlesgenouxdeCatherine, (3) .... .Alors,lesdeuxfemmesquerellaient;lepèreRoquelesfaisaittaire.Ilsétaitmariépartendressepoursafille,etnevoulaitpasqu'onlatourmentât.Lapetiteportaitsouventunerobeblancheenlambeauxavecunpantalongarnidedentelles;et,auxgrandesfêtes, (4) ....,afindemortifieru npeulesbourgeois,quiempêchaientleursmarmotsdelafréquenter,vusanaissanceillégitime. (5) ....,sebalançaitàl'escarpolette,couraitaprèslespapillons,puistoutàcouparrêtaitàcontemplerlescoléoptèressabattantsurlesrosiers.C'étaientceshabitudes,sansdoute,quidonnaientàsafigureuneexpressionàlafoisdehardiesseetderêverie.

Grammaire du texte

2 *Frédéric, futur ministre.* **Récris les parties soulignées en remplaçant les substantifs par un ou deux pronoms personnels.**

Il relut la lettre trois fois de suite ; rien de plus vrai ? toute la fortune de l'oncle ! Vingt-sept mille livres de rente ! — et une joie frénétique <u>bouleversa Frédéric</u> ..*le bouleversa*.. (0), à l'idée de revoir Mme Arnoux. Avec la netteté d'une hallucination, il s'aperçut auprès <u>de madame Arnoux</u> .... (1), chez <u>madame Arnoux</u> .... (2), <u>apportant à madame Arnoux</u> .... (3), quelque cadeau dans du papier de soie, tandis qu'à la porte stationnerait son tilbury, avec un domestique en livrée brune. Cela se renouvellerait tous les jours, indéfiniment. <u>Frédéric recevrait madame Arnoux</u> .... (4) chez <u>Frédéric</u> .... (5), dans sa maison ! Ces images arrivaient si tumultueusement, qu'il croyait presque <u>vivre ces images</u> .... (6). Quelle nouvelle ! Alors, il se rappela sa mère ; et il descendit, tenant toujours la lettre à sa main pour <u>annoncer la nouvelle à sa mère</u> .... (7). Madame Moreau tâcha de contenir son émotion et eut une défaillance. Frédéric <u>prit madame Moreau</u> .... (8) dans ses bras et <u>baisa madame Moreau</u> .... (9) au front en <u>disant à madame Moreau</u> .. .. (10) qu'elle allait pouvoir s'acheter une voiture, être enfin heureuse.

Mme Moreau <u>conseilla à Frédéric</u> .... (11) de s'établir à Troyes, avocat. Étant plus connu dans son pays que dans un autre, il pourrait plus facilement <u>trouver à Troyes</u> .... (12) des partis avantageux.

— Ah ! c'est trop fort ! s'écria Frédéric.

À peine avait-il son bonheur entre les mains qu'on voulait <u>prendre son bonheur à Frédéric</u> .... (13). Il signifia sa résolution formelle d'habiter Paris.

— Pour quoi faire <u>à Paris</u> .... (14) ?

— Rien !

Madame Moreau, surprise de ses façons, <u>demanda à Frédéric</u> .... (15) ce qu'il voulait devenir.

— Je ne sais rien encore <u>de ce que je veux devenir</u> .... (16), répliqua Frédéric. Pourquoi pas ministre !

Compréhension

3 *L'adieu à Louise*. **Reconstitue la scène en indiquant l'ordre logique des phrases.**

☐ **a** — Eh bien, quoi ?

[1] **b** S'il avait écouté son impatience, Frédéric serait parti à l'instant même. Le lendemain, toutes les places dans les diligences étaient retenues ; il se rongea jusqu'au surlendemain, à sept heures du soir.

☐ **c** Ce *vous* l'étonna ; et, comme elle se taisait encore :

☐ **d** — Ah ! tout à l'heure ? … tout à fait ? … nous ne nous reverrons plus ?

☐ **e** Frédéric sortit, enjamba la haie, et, tout en se cognant aux arbres quelque peu, se dirigea vers la maison de M. Roque.

☐ **f** Elle le regarda profondément, pendant longtemps. Frédéric avait peur de manquer la voiture ; il croyait entendre un roulement tout au loin, et, pour en finir :

☐ **g** Sa mère et lui finissaient de dîner quand la servante du père roque vint lui dire que Louise voulait absolument le voir. Elle l'attendait dans le jardin.

☐ **h** — Oui, c'est vrai ! je voulais vous dire …

☐ **i** Et elle le serra dans ses bras avec emportement.

☐ **j** Des lumières brillaient à une fenêtre au second étage ; puis une forme apparut dans les ténèbres, et une voix chuchota :

☐ **k** — Adieu ! adieu ! embrasse-moi donc ! dit-elle en sanglotant.

☐ **l** — Catherine m'a prévenu que tu avais quelque chose…

☐ **m** — Je ne sais plus. J'ai oublié ! Est-ce vrai que vous partez ?

☐ **n** Elle lui sembla plus grande qu'à l'ordinaire ; ne sachant par quelle phrase l'aborder, il se contenta de lui prendre les mains.

☐ **o** — Oui, tout à l'heure.

☐ **p** — C'est moi.

☐ **q** Frédéric, la regarda ne sachant que répondre.

ACTIVITÉ DE PRÉ-LECTURE

Grammaire du texte

4 **Dambreuse, Oudry, les créanciers d'Arnoux. Récris le texte au passé en respectant la concordance des temps.**

Frédéric se présente (0) *se présenta* chez Dambreuse. On le reçoit (1) .... dans la salle à manger. Le banquier déjeune (2) .... en face de sa femme. Sa nièce est (3) .... près d'elle, et de l'autre côté l'institutrice, une Anglaise, fortement marquée de petite vérole. M. Dambreuse invite (4) .... son jeune ami à prendre place au milieu d'eux, et, sur son refus :
— À quoi puis-je vous être bon ? Je vous écoute.
Frédéric avoue (5) ...., en affectant de l'indifférence, qu'il vient (6) .... faire une requête pour un certain Arnoux.
— Ah ! ah ! l'ancien marchand de tableaux , dit (7) .... le banquier, avec un rire muet découvrant ses gencives ; Je lui ai prêté d'importantes sommes d'argent.
Et, devant la surprise de Frédéric, il ajoute (8) .... :
— Vous l'ignorez (9) .... ? Mon ami Oudry aussi lui en a prêté plusieurs fois. D'ailleurs le prochain billet arrive à échéance … Nous verrons si ce monsieur fait honneur à ses engagements.
Et il se met (10) .... à parcourir les lettres et les journaux posés près de son couvert. Quoique gêné, Frédéric ose (11) .... aborder la question ; Arnoux mérite (12) .... de l'intérêt ; il va (13) .... même, dans le seul but de remplir ses engagements, vendre une maison à sa femme.
— Elle passe pour très jolie, dit madame Dambreuse.
Le banquier ajoute (14) .... d'un air bonhomme :
— Êtes-vous leur ami … intime ?
Frédéric, sans répondre nettement, dit (15) .... qu'il lui serait fort obligé de prendre en considération …
— Eh bien, puisque cela vous fait plaisir, soit ! on attendra ! J'ai du temps encore. Si nous descendions dans mon bureau, voulez-vous ?

Chapitre 6

Retour à Paris

Ayant obtenu ce qu'il avait tant cherché, Frédéric se leva d'un bond.

— Comment, vous partez déjà ? s'exclama le Citoyen.

— Oui, oui, j'ai une course, une affaire que j'oubliais ! Adieu !

Frédéric alla de l'estaminet à la nouvelle adresse d'Arnoux, rue Paradis-Poissonnière, comme soulevé par un vent tiède et avec l'aisance extraordinaire que l'on éprouve dans les songes. Il se trouva bientôt à un second étage, devant une porte dont la sonnette retentissait ; une servante parut ; une seconde porte s'ouvrit, madame Arnoux était assise près du feu. Son mari fit un bond et vint l'embrasser. Elle avait sur ses genoux un petit garçon de trois ans, à peu près ; sa fille, grande comme elle maintenant, se tenait debout, de l'autre côté de la cheminée.

— Permettez-moi de vous présenter ce monsieur-là, dit Arnoux, en prenant son fils par les aisselles★. Et il s'amusa quelques minutes à le faire sauter en l'air, très haut, pour le recevoir au bout de ses bras. Puis il demanda à Frédéric pourquoi il avait été si longtemps sans leur écrire, ce qu'il avait pu faire là-bas, ce qui le ramenait.

— Moi, à présent, cher ami, je suis marchand de faïences★. Mais causons de vous !

Frédéric allégua★ un long procès, la santé de sa mère, il insista

---

par les aisselles sous les bras
faïences vaisselle (assiettes, saladiers, soupières...) en argile cuite et émaillée

allégua se justifia en invoquant un long procès

beaucoup là-dessus, afin de se rendre intéressant. Bref, il se fixait à Paris, définitivement cette fois ; et il ne dit rien de l'héritage, dans la peur de nuire à son passé.

Le jeune homme s'était attendu à des spasmes de joie mais les passions s'étiolent* quand on les dépayse, et, ne retrouvant plus madame Arnoux dans le milieu où il l'avait connue, elle lui semblait avoir perdu quelque chose, n'être pas la même. Le calme de son cœur le stupéfiait. Il s'informa des anciens amis, de Pellerin, entre autres.

— Je ne le vois pas souvent, dit Arnoux.

— Nous ne recevons plus, comme autrefois ! ajouta madame Arnoux.

Mais son mari, poursuivant ses cordialités, lui reprocha de n'être pas venu dîner avec eux, à l'improviste* ; et il expliqua pourquoi il avait changé d'industrie.

— La grande peinture est passée de mode ! D'ailleurs, on peut mettre de l'art partout. Vous savez, moi, j'aime le Beau ! il faudra un de ces jours que je vous mène à ma fabrique.

Et il voulut lui montrer, immédiatement, quelques-uns de ses produits dans son magasin à l'entresol. Là :

— Il faut fêter votre retour, dit Arnoux. Et il lui proposa de le conduire dans un endroit où il s'amuserait.

Frédéric voulut refuser, prétextant une visite importante, mais au nom de Dambreuse

— Ah ! ça se trouve bien ! Vous verrez là de ses amis. Venez donc ! ce sera drôle* !

À huit heures, Frédéric se présenta chez Arnoux. Il avait écrit dans la journée aux Dambreuse un billet leur demandant s'ils pouvaient le

---

s'étiolent se fanent
à l'improviste sans avertir

drôle ici, amusant

recevoir, et envoyé un mot à Deslauriers pour lui annoncer son retour, mais sans laisser d'adresse.

Arnoux, seul, devant sa glace, était en train de se raser. Frédéric s'excusait, madame Arnoux reconnut sa voix et lui souhaita le bonjour à travers la cloison, car sa fille était indisposée, et elle-même était souffrante. Puis Arnoux disparut pour dire adieu à sa femme. Il entassait les raisons :

— Tu sais bien que c'est sérieux. Il faut que j'y aille, on m'attend.

— Va, va, mon ami. Amuse-toi !

Arnoux héla* un fiacre. Ils s'arrêtèrent en chemin chez un costumier ; c'était d'un bal qu'il s'agissait. Arnoux prit un costume de cuisinier avec toque ; Frédéric un domino*. Ils descendirent rue de Laval, devant une maison illuminée au second étage par des lanternes de couleur. Dès le bas de l'escalier, on entendait le bruit des violons.

— Où diable me menez-vous ? dit Frédéric.

— Chez une bonne fille ! n'ayez pas peur !

Un groom* leur ouvrit la porte, et ils entrèrent dans l'antichambre, où des paletots, des manteaux et des châles étaient jetés en pile* sur des chaises. Une jeune femme, en costume de dragon* Louis XV, la traversait en ce moment-là. C'était mademoiselle Rose-Annette Bron, la maîtresse du lieu.

— Eh bien ? » dit Arnoux.

— C'est fait ! répondit-elle.

— Ah ! merci, mon ange !

Et il voulut l'embrasser.

— Prends donc garde, imbécile ! tu vas gâter* mon maquillage !

Arnoux présenta Frédéric.

---

héla fit signe à
domino costume de bal masqué, sorte de robe flottante à capuchon
groom jeune domestique en uniforme

en pile en tas
dragon soldat de cavalerie
gâter abîmer

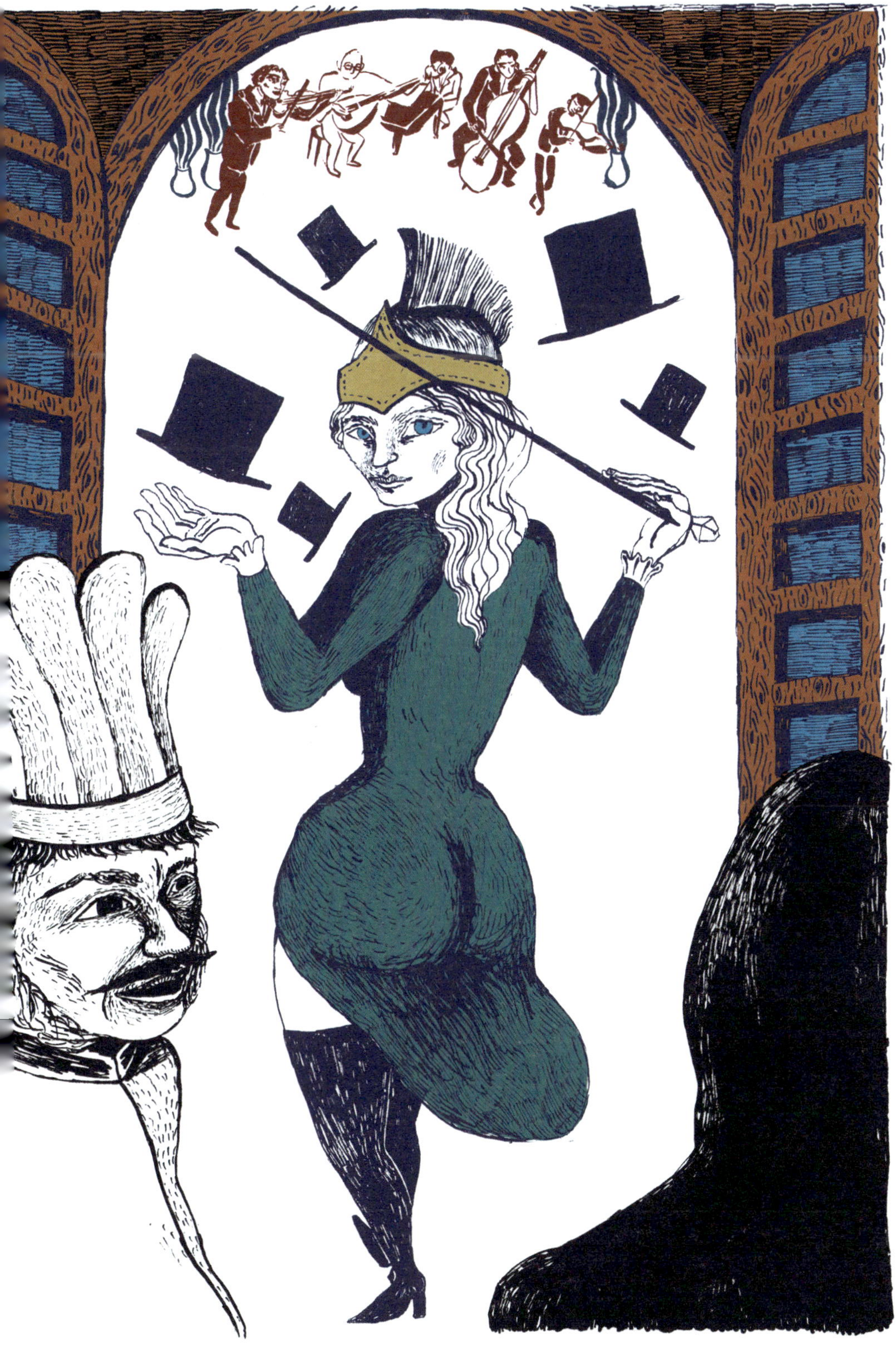

— Entrez, Monseigneur, soyez le bienvenu ! et elle se mit à crier emphatiquement :

— Le sieur Arnoux, marmiton, et un prince de ses amis !

En entrant, Frédéric fut ébloui par les lumières, les couleurs, le luxe d'un grand salon au bout duquel se tenait un orchestre.

Le quadrille* allait commencer, danseurs et danseuses se mirent en place. Ils étaient une soixantaine environ. Frédéric, s'étant rangé contre le mur, regarda les danseurs défiler devant lui. Il vit ainsi passer de vieilles connaissances : la Vatnaz, qu'il avait connue à l'*Art industriel*, Martinon, Hussonnet qui avait amené Dussardier. Bizarre que Deslauriers ne soit pas avec eux, pensa-t-il. Quand la musique s'arrêta, Rosanette vint vers lui.

— Et vous, Monsieur, dit-elle, vous ne dansez pas ?

Frédéric s'excusa, il ne savait pas danser.

— Vraiment ! même avec moi ?

Elle le considéra pendant une minute, d'un air moitié suppliant, moitié gouailleur*. Enfin elle dit « Bonsoir ! », fit une pirouette, et disparut.

Frédéric, mécontent de lui-même, et ne sachant que faire, se mit à errer dans le bal. Cette femme était venue vers lui et il n'avait rien trouvé à lui dire. Entre deux quadrilles, il remarqua que Rosanette se dirigeait vers la cheminée, où était installé, dans un fauteuil, un petit vieillard replet, en habit marron, à boutons d'or. Malgré ses joues flétries qui tombaient sur sa haute cravate blanche, ses cheveux encore blonds, et frisés naturellement comme les poils d'un caniche*, lui donnaient quelque chose de folâtre*. Elle l'écoutait, penchée vers son visage.

— Qui est cet homme ? demanda Frédéric à Pellerin qu'il venait de

---

quadrille danse à la mode au XIXe siècle ; sorte de contredanse
gouailleur effronté, insolent

caniche chien à poils frisés de la famille des barbets
folâtre enjoué, insouciant

rencontrer accompagné d'Hussonnet.

— Il s'appelle Oudry, une connaissance d'Arnoux ! dit Hussonnet avec un petit sourire en coin*.

— Dites plutôt une *connaissance* de notre hôtesse, dit en riant Pellerin. Arnoux lui doit pas mal* d'argent.

— Comment ?! s'exclama Frédéric.

— Eh oui, il paraît qu'il branle dans le manche*, dit Hussonnet.

Le marchand de tableaux venait d'avoir un procès pour ses terrains de Belleville, et il était actuellement dans une compagnie de kaolin en Bretagne avec d'autres farceurs* de son espèce. Pellerin croyait même savoir, ayant été aux informations auprès d'un ami commun, qu'aucune banque ne lui prêtait plus d'argent désormais.

— Ce vieux charognard* d'Oury, n'est pas là que pour les beaux yeux de mademoiselle Rose-Anette Bron.

Sur un signe de la jeune femme, Frédéric avait vu Arnoux se rapprocher du vieil homme.

— Suis-moi ! lui dit Hussonnet.

Et ils allèrent discrètement se placer à quelques mètres de la scène. Lorsqu'Arnoux arriva à sa hauteur, Rosanette l'arrêta.

— Eh bien, et cette affaire ?

Il rougit quelque peu ; enfin, s'adressant au bonhomme* :

— Notre amie m'a dit que vous auriez l'obligeance…

— Comment donc, mon voisin ! tout à vous.

Et le nom de Dambreuse fut prononcé au milieu d'une phrase inintelligible*; comme ils s'entretenaient à mi-voix, leurs paroles arrivaient confusément.

Frédéric rentra tard et resta éveillé toute la nuit. Les mots de Pellerin

---

sourire en coin sourire ironique
pas mal beaucoup
qu'il branle dans le manche (il paraît) que ses affaires vont mal
farceurs personnes peu sérieuses qui n'inspirent aucune confiance

charognard rapace, vautour ; ici, personne qui profite de la misère d'autrui pour s'enrichir
bonhomme désigne anciennement un vieil homme
inintelligible incompréhensible

et d'Hussonnet sur Arnoux, la scène à laquelle il avait assisté, l'avaient plongé dans un atroce inquiétude. Il la voyait ruinée, pleurant, vendant ses meubles. Cette idée le tourmenta toute la journée. À huit heures, n'y tenant plus, il se présenta chez elle. Si Arnoux était là, il reviendrait ; sinon, il en profiterait pour lui parler.

Arnoux n'était pas rentré ; elle le croyait à sa fabrique, où il avait un appartement de fonction. Ne sachant comment s'y prendre Frédéric demanda en manière de conversation si Arnoux avait toujours ses terrains de Belleville, si sa fabrique marchait bien…

— Pourquoi toutes ces questions ? Vous me faites peur !

Il lui dit alors ce qu'il savait.

Elle baissa la tête, et dit :

— Je m'en doutais ; même s'il continue de me dire que tout va très bien. Et puis, il entretient une femme, je le sais, ajouta-t-elle en le regardant droit dans les yeux.

Frédéric comprit immédiatement l'allusion à Rosanette, mais fit celui qui ne sait rien. Quant aux affaires de son mari, s'il apprenait quelque chose, il lui en ferait part.

— Oh ! oui, n'est-ce pas ? dit-elle, en joignant ses deux mains, avec un air de supplication charmant.

Il pouvait donc lui être utile. Elle lui avait permis d'entrer dans son existence, dans son cœur, peut-être. Alors, il se risqua à lui avouer son amour. « Si je lui déplais, pensait-il, qu'elle me chasse ! Si elle veut de moi, qu'elle m'encourage ! »

— Voulez-vous savoir pourquoi je suis revenu à Paris ? lui dit-il le cœur gonflé d'émotion.

Elle le regarda surprise de ce début de confidence.

— Si je vous le disais, me croiriez-vous ?
— Pourquoi pas ?
— J'ai rêvé de vous chacune des nuits que j'ai passées à Nogent.
Elle le regarda d'un air calme.
— Les rêves ne se réalisent pas toujours.
— Donc, vous n'admettez pas qu'on puisse aimer... une femme ?
— Quand elle est à marier, on l'épouse ; lorsqu'elle appartient à un autre, on s'éloigne.
Tout avait été dit. Frédéric sentit qu'elle le congédiait sans appel. Il la quitta la mort dans l'âme.
En sortant, il tomba sur Arnoux dans l'escalier.
— Tiens, c'est vous ! Il faut que je vous gronde, dit le faïencier en fronçant les sourcils.
Frédéric pâlit, comme si l'autre avait lu dans ses pensées.
— Je sors de chez mademoiselle Rose-Anette Bron, elle attend vos excuses.
Frédéric pâlit à nouveau, toujours sans comprendre.
— Ne lui avez-vous pas promis une danse hier soir ?
— Mais...
— Il n'y a pas de *mais* ! ajouta Arnoux en le croisant : ne la faites surtout pas attendre !
Dans la rue, Frédéric se sentit perdu comme un homme tombé au fond d'un abîme. Cette manière qu'avait eue Madame Arnoux de lui fait comprendre l'inanité* de son espoir l'écrasait. Le mari lui en proposait une autre : « Pourquoi n'irais-je pas chez cette Rosanette ? se dit-il rageusement. Mais si elle l'apprenait ? Ah ! qu'elle le sache ! Tant mieux, et qu'elle en soit jalouse, ça me vengera ! »

inanité inutilité

ACTIVITÉS DE POST-LECTURE

Compréhension et production

1 Vrai (v), Faux (F) ou On ne sait pas (?). Justifie tes réponses.

		V	F	?
1	Il fait nuit lorsque Frédéric arrive à Paris. Justification	☐	☐	☐
2	Arnoux n'habite plus rue de Choiseul. Justification	☐	☐	☐
3	Frédéric le retrouve grâce à Regimbart. Justification	☐	☐	☐
4	La vue de madame Arnoux après deux ans d'absence le trouble profondément. Justification	☐	☐	☐
5	Arnoux est encore marchand de tableaux. Justification	☐	☐	☐
6	La Vatnaz arrive au bal de Rosanette en compagnie d'Hussonnet. Justification	☐	☐	☐
7	Rosanette est l'amante d'Arnoux. Justification	☐	☐	☐
8	Rosanette est l'amante d'Oudry. Justification	☐	☐	☐

Production écrite

2 De quelle affaire Rosanette parle-t-elle en s'adressant à Arnoux ? Pourquoi le nom de Dambreuse est-il prononcé à cette occasion ?

....
....
....
....
....
....
....

3 *Le bal chez Rosanette*. Reconstitue le paragraphe en indiquant l'ordre logique des phrases.

☐ **a** Il n'aperçut que de la soie, du velours, des épaules nues, une masse de couleurs qui se balançait aux sons d'un orchestre caché par des verdures, entre des murs tendus de soie jaune.

[7] **b** Frédéric fut d'abord ébloui par les lumières.

☐ **c** Elle avait un mouchoir algérien sur la tête, beaucoup de piastres sur le front, de l'antimoine au bord des yeux et elle tenait un tambour de basque à la main.

☐ **d** Au dernier accord de la valse, mademoiselle Vatnaz parut.

☐ **e** Derrière elle marchait un grand garçon, dans le costume classique de Dante.

☐ **f** Frédéric leva les yeux : c'était le lustre qui ornait la boutique de l'*Art industriel*, que faisait-il là ?

☐ **g** Hussonnet, en l'apercevant, se renfrogna. Il avait reconnu Delmar, l'ancien chanteur de variétés devenu acteur.

☐ **h** Depuis qu'on avait refusé sa pièce, il exécrait les comédiens.

☐ **i** Et comme le souvenir des anciens jours passait dans sa mémoire, un fantassin se planta devant lui, en écartant les deux bras pour marquer l'étonnement.

☐ **j** Les victuailles faisaient bosse au milieu. « Gare au lustre ! » dit quelqu'un dans l'assemblée.

☐ **k** Et Frédéric reconnut, malgré les effroyables moustaches noires extra-pointues qui le défiguraient, son ancien ami Hussonnet.

☐ **l** Hussonnet en oublia de prendre un verre de punch.

☐ **m** Mais la Vatnaz, quand elle eut embrassé longuement Rosanette, s'en vint prier Hussonnet de faire mousser quelque peu son ami dans les journaux où il écrivait, et même de lui confier plus tard un rôle.

☐ **n** Les danses s'arrêtèrent, et il y eut des applaudissements, un vacarme de joie, à la vue d'Arnoux s'avançant avec un énorme panier de fruits exotiques sur la tête.

☐ **o** Un archet ayant frappé sur un pupitre, danseurs et danseuses se mirent en place.

Vocabulaire

4 *Le cachemire de Rosanette*. **Complète le texte avec les mots et groupes de mots dans l'encadré.**

> à la fin • bientôt • comme • d'ailleurs • déjà
> Eh bien • ensemble • mais • nullement • sans faute

Quand Arnoux vint à passer devant M. Oudry, Rosanette l'arrêta.
— (1) ...., et cette affaire ?
Quelle affaire ?
— Tes mines de kaolin, tu m'as promis un quart des bénéfices. As-tu (2) .... oublié ta promesse ?
— Ne t'inquiète pas, tout va bien, on m'a assuré que l'investissement était rentable ; je te verserai (3) .... ta part.
— Cela fait six mois que je l'attends, ma part. Comme le châle en cachemire, (4) .... Tu me l'as promis l'année dernière.
Il prétendit qu'il ne s'en était pas souvenu, ayant trop d'occupations.
— (5) .... je te promets que tu l'auras.
— Quand ?
— Demain.
— (6) ....
— Promis.
Rosanette fit signe à Arnoux de disparaître et se dirigea vers le vieil Oudry. Ils parlèrent un instant à voix basse, le visage de la jeune femme touchait presque celui du vieillard.
— Eh bien, oui, c'est convenu ! dit-elle (7) .... Laissez-moi tranquille.
Elle se tourna vers l'endroit du salon où attendait Arnoux ; et ils allèrent (8) .... s'entretenir avec Oudry.
Arnoux et Frédéric s'en revinrent (9) .... ils étaient venus.
Le marchand de faïence avait un air tellement sombre, que son compagnon le crut indisposé.
— Moi ? (10) .... !

ACTIVITÉS DE PRÉ-LECTURE

Compréhension et production

5a *Sénécal.* **Relie les débuts de phrases (1-9) à leur suite logique (A-I).**

1. Sénécal n'habitait plus avec Deslauriers
2. Il avait été congédié de son troisième pensionnat pour n'avoir point voulu
3. Il était maintenant
4. Le soir, quand sa besogne était finie, il regagnait sa mansarde,
5. Il connaissait tous les écrivains socialistes,
6. À force de les lire, il s'était fait un idéal de démocratie
7. D'ailleurs, il condamnait sans appel tout ce qui pouvait
8. Il recevait aussi des ouvriers, des patriotes,
9. À l'atelier, ses propos incendiaires

- [ ] **a** corrompre son idéal : les titres nobiliaires, les décorations, la célébrité …
- [ ] **b** et il cherchait dans les livres de quoi justifier ses rêves.
- [ ] **c** ceux qui réclament pour l'humanité le niveau des casernes.
- [ ] **d** de distribution de prix, usage qu'il regardait comme funeste à l'égalité.
- [ ] **e** chez un constructeur de machines.
- [ ] **f** depuis six mois.
- [ ] **g** des travailleurs avec lesquels il refaisait le monde.
- [ ] **h** inquiétaient son patron qui avait plusieurs fois menacer de le renvoyer.
- [ ] **i** vertueuse où l'individu n'existerait que pour servir la Société.

5b Que penses-tu de la faute qui a valu son licenciement à Sénécal ? Est-ce une faute ou a-t-il eu raison de s'opposer à la remise des prix de son pensionnat ? Et, plus généralement, crois-tu comme lui que les individus n'existent dans la société que pour la servir ?

....
....
....

Chapitre 7

Rosanette

Frédéric employa les semaines qui suivirent à sa nouvelle vie. Entre la recherche d'un appartement et les accessoires indispensables à sa nouvelle position sociale : habits, meubles, voiture… les journées étaient si pleines de rendez-vous qu'il en oublia madame Arnoux, Rosanette et les Dambreuse.

Il fixa finalement son choix sur un petit hôtel particulier au coin de la rue Rumford. Quand il eut fini de l'aménager, il invita ses amis à pendre la crémaillère*. Il écrivit à Deslauriers, Hussonnet, Pellerin, Dussardier et Cisy de venir le dimanche suivant, à onze heures juste. Deslauriers se chargea d'amener Sénécal. Le répétiteur, qui n'habitait plus avec son ami depuis six mois, avait été congédié de son troisième pensionnat pour n'avoir point voulu de distribution de prix, usage qu'il regardait comme funeste à l'égalité ; et il venait d'être renvoyé de chez un constructeur de machines, ses discours incendiaires* ayant inquiété son patron. Quant à Deslauriers, il avait été recalé au concours d'agrégation pour avoir exprimé des idées politiques contraires à l'ordre établi. Il avait plaidé deux ou trois fois, avait perdu, et avait fini par s'établir répétiteur, comme Sénécal, et sans grand succès car il bourrait* ses élèves de théories défavorables pour leurs examens.

pendre la crémaillère donner un repas pour fêter son installation dans un nouveau logement
incendiaires très violents
il bourrait il inculquait à (ses élèves des théories…)

Il arriva en avance d'une heure avec Hussonnet. Celui-ci avait racheté le journal d'Arnoux, s'était associé à Deslauriers, et venait, précisément avec l'avocat, proposer à Frédéric une part dans l'affaire. Ce qu'ils ne disaient pas, c'est qu'ils devaient trois termes* au propriétaire, sans compter l'imprimeur qui n'avait pas été payé depuis longtemps et qui faisait des menaces. Il y avait donc urgence.

— Quinze mille francs, dit Deslauriers. Pas un sou de plus. Pour une affaire qui vaut au moins dix fois cette somme.

— Je n'ai pas de fonds pour l'instant, dit Frédéric.

— Ah ! très bien ! Ils ont du bois dans leur cheminée, des truffes sur leur table, un bon lit, une bibliothèque, une voiture, toutes les douceurs ! Mais qu'un autre grelotte sous les ardoises*, dîne à vingt sous, travaille comme un forçat* et patauge* dans la misère ! est-ce leur faute ?

Et, après une minute de silence :

— C'est si commode, les promesses ! Au collège, on fait des serments, on constituera une phalange, on imitera *les Treize* de Balzac. Puis, quand on se retrouve : « Bonsoir, mon vieux, va te promener ! » Car celui qui pourrait servir l'autre retient précieusement tout, pour lui seul.

— Comment ?

— Oui, tu ne nous as pas même présentés chez les Dambreuse !

Frédéric le regarda ; avec sa pauvre redingote, ses lunettes dépolies et sa figure blême, l'avocat lui parut un tel cuistre*, qu'il ne put empêcher sur ses lèvres un sourire dédaigneux*. Deslauriers l'aperçut, et rougit.

Il avait déjà son chapeau pour s'en aller. Hussonnet, plein

---

termes loyers
grelotte sous les ardoises tremble de froid sous les toits
forçat bagnard ; condamné aux travaux forcés
patauge ici, s'enlise

cuistre homme pédant et ridicule
dédaigneux méprisant
tâchait s'efforçait

d'inquiétude, tâchait* de l'adoucir par des regards suppliants. Alors, Frédéric, dans un brusque mouvement de résignation, prit une feuille de papier, et, ayant griffonné dessus quelques lignes, la lui tendit. Le visage du bohème s'illumina. Puis, repassant la lettre à Deslauriers :

— Faites des excuses, Seigneur !

Leur ami conjurait son notaire de lui envoyer au plus vite, quinze mille francs.

— Ah ! je te reconnais là ! » dit Deslauriers.

L'avocat reprit :

— Tu n'y perdras rien, la spéculation est excellente.

— Parbleu ! s'écria Hussonnet, j'en fourrerais ma tête sur l'échafaud. Et il débita tant de sottises et promit tant de merveilles, que Frédéric ne savait pas si c'était pour se moquer des autres ou de lui-même.

Le lendemain, Frédéric reçut un billet de madame Dambreuse lui disant qu'elle espérait sa visite l'après-midi. C'était son jour de réception ; lorsque Frédéric arriva dans la cour, des voitures y stationnaient déjà. Madame Dambreuse était auprès du feu, une douzaine de personnes formant cercle autour d'elle. Avec un mot aimable, elle lui fit signe de s'asseoir, mais sans paraître surprise de ne l'avoir pas vu depuis longtemps.

Frédéric l'observait. La peau mate de son visage paraissait tendue, et d'une fraîcheur sans éclat, comme celle d'un fruit conservé. Mais ses cheveux étaient plus fins que de la soie, ses yeux d'un azur brillant, tous ses gestes délicats. Elle portait une robe de moire grise, à corsage montant, comme une puritaine. Elle avait mis près d'elle la nièce de son mari, jeune personne assez laide*. De temps à autre, elle se dérangeait pour recevoir celles qui entraient ; et le murmure des

---

assez laide pas très belle

voix féminines, augmentant, faisait comme un caquetage d'oiseaux. Tout à coup, Martinon apparut, en face, sous l'autre porte. La jeune fille tourna la tête et lui sourit. Le jeune homme salua Frédéric d'un signe de tête et alla s'asseoir près d'elle. Les visites augmentaient ; Frédéric voulut se retirer, mais madame Dambreuse lui dit que son mari désirait le voir. Et elle ajouta :

— Tous les mercredis, n'est-ce pas, monsieur Moreau ? rachetant par cette seule phrase ce qu'elle avait montré d'indifférence.

Le banquier, comme la première fois, était assis à son bureau, et d'un geste le pria d'attendre quelques minutes, car un monsieur tournant le dos à la porte, l'entretenait de matières graves. Enfin l'individu passa devant Frédéric. C'était le père Oudry. Tous deux se saluèrent en rougissant, ce qui parut étonner monsieur Dambreuse. Du reste, il se montra fort aimable. Frédéric lui ayant exprimé le désir d'entrer dans un ministère, rien n'était plus facile que de recommander son jeune ami au garde des sceaux*. On serait trop heureux de l'avoir ; mais était-ce le bon choix ? Et le financier lui proposa une vingtaine d'actions dans son entreprise de houilles*. On l'avait nommé directeur ; mais le temps lui manquait pour s'occuper de certains détails, de la rédaction entre autres.

— J'aurais besoin de quelqu'un… qui puisse traduire mes idées.

Et tout à coup :

— Voulez-vous être cet homme-là, avec le titre de secrétaire général ?

Frédéric ne sut que répondre.

— Eh bien, qui vous empêche ?

Ses fonctions se borneraient* à écrire, tous les ans, un rapport

---

garde des sceaux ministre de la justice
houilles mines de charbon

se borneraient se limiteraient

pour les actionnaires. Il se trouverait en relations quotidiennes avec les hommes les plus considérables de Paris. Représentant la Compagnie auprès des ouvriers, il s'en ferait adorer, naturellement, ce qui lui permettrait, plus tard, de se pousser au Conseil général*, à la députation.

Les oreilles de Frédéric tintaient. D'où provenait cette bienveillance ? Il se confondit en remerciements.

Mais il ne fallait point, dit le banquier, qu'il fût dépendant de personne. Le meilleur moyen, c'était de prendre des actions, placement superbe d'ailleurs, car son capital garantissait sa position, comme sa position garantissait son capital.

— À combien, environ, doit-il se monter ? » dit Frédéric.

— Mon Dieu ! ce qui vous plaira ; de quarante à soixante mille francs, je suppose.

Cette somme était si minime pour Dambreuse et son autorité si grande, que le jeune homme se décida immédiatement à vendre une ferme. Il acceptait. Dambreuse fixerait un de ces jours un rendez-vous pour terminer leurs arrangements.

Depuis le bal masqué, tous les invités s'étaient mis à appeler Rosanette la *Maréchale*, faisant clairement allusion à son déguisement. Frédéric, obéissant à Arnoux arriva un jour chez elle. Elle le fit attendre longtemps dans l'antichambre. Enfin elle parut, enveloppée dans une sorte de peignoir en mousseline mauve garnie de dentelles, pieds nus dans des babouches*, avec deux petits chiens à ses côtés ; et, ayant fait passer Frédéric par la cuisine, elle l'introduisit dans son cabinet de toilette. Sur leur passage des portes s'ouvraient et se fermaient. Frédéric crut apercevoir un homme, de dos, quittant précipitamment l'appartement. Arnoux ? Oudry ? Qui ?

Conseil général assemblée législative du département
babouches pantoufles orientales sans talon

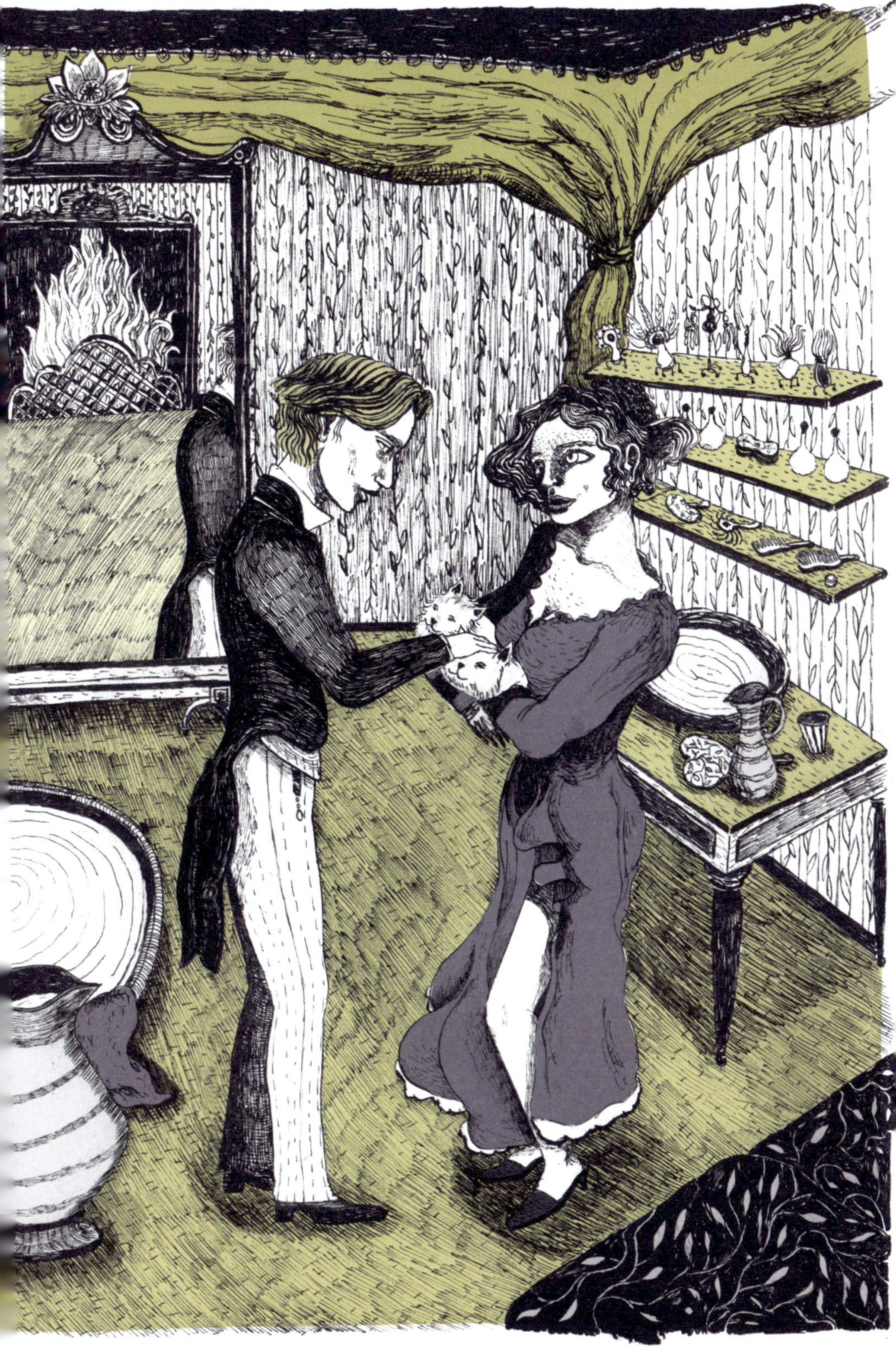

— Vous excuserez le désordre ! Ce soir, je dîne en ville.

On voyait, tout de suite, que le cabinet de toilette était l'endroit de la maison le plus hanté, et comme son vrai centre moral.

— Quel est votre petit nom ?
— Frédéric.
— Ah ! Federico ! Ça ne vous gêne pas que je vous appelle comme ça ?

Et elle le regardait d'une façon câline, presque amoureuse. Tout à coup, elle poussa un cri de joie à la vue de la Vatnaz. La femme artiste n'avait pas de temps à perdre, devant, à six heures juste, présider sa table d'hôte ; et elle haletait, n'en pouvant plus. Elle retira de son cabas différents objets, des acquisitions. Rosanette alla prendre dans un tiroir dix napoléons et les lui remit. Puis, comme les deux femmes « avaient à parler », Rosanette prit Frédéric par le bras et le reconduisit jusque dans l'antichambre pour savoir s'il verrait bientôt Arnoux.

— Priez-le donc de venir ; pas devant son épouse, bien entendu !

Frédéric, enhardi par cette espèce de confidence, voulut la baiser sur le cou. Elle dit froidement :

— Oh ! faites ! Ça ne coûte rien !

Il était léger en sortant de là, ne doutant pas que la Maréchale ne devînt bientôt sa maîtresse*. Cependant, les jours, les semaines, les mois qui suivirent l'obligèrent à déchanter* : Rosanette l'entraînait dans un tourbillon de sorties, de dépenses, de caprices, de mille petites vexations, tout en continuant de se faire entretenir par ses amants, dont elle se servait pour le rendre jaloux : Oury et Arnoux, à tour de rôle ; plus Delmar, l'acteur que Frédéric avait rencontré en compagnie de la Vatnaz le soir du bal masqué. Même Cisy, devenu très riche depuis la mort de sa grand-mère, trouvait grâce aux yeux

---

maîtresse amante
déchanter perdre ses illusions

de la jeune femme. Agacé, blessé dans son amour-propre, Frédéric se mit à la désirer pour le plaisir surtout de la vaincre et de la dominer.

Donc une après-midi, comme elle se baissait devant sa commode, il s'approcha d'elle et eut un geste d'une éloquence si peu ambiguë, qu'elle se redressa tout empourprée*. Il recommença de suite ; alors, elle fondit en larmes, disant qu'elle était bien malheureuse et que ce n'était pas une raison pour qu'on la méprisât.

Il réitéra ses tentatives, mais elle fuyait toujours, riait de lui, se moquait de son insistance. Enfin, un jour elle répondit qu'elle n'acceptait pas les restes d'une autre.

— Quelle autre ?

Elle ne répondit pas, mais l'allusion à madame Arnoux était évidente. Comment avait-elle su ?

Or, au début de l'été, un dimanche, qu'il était allé avec Rosanette et Hussonnet au Champ de Mars assister aux courses du Jockey-Club, il crut reconnaître, à cent pas de lui, madame Arnoux. Impossible, cependant ! Pourquoi serait-elle venue ? Hussonnet lui dit que c'était bien elle, au contraire, et qu'elle était venue s'assurer que son mari avait dit vrai, celui-ci ayant fait passer Frédéric pour l'amant de Rosanette afin d'apaiser les soupçons de sa femme. D'ailleurs, lorsque la voiture était passée plus tard assez près d'eux, Rosanette, qui avait elle aussi reconnu madame Arnoux, lui avait crié :

— Mais c'est l'épouse de mon protecteur ! Descendez donc !

Ce qui avait naturellement fait disparaître l'autre sans que Frédéric ait eu le temps de voir le visage de celle à qui s'adressait son amie.

empourprée rouge

ACTIVITÉS DE POST-LECTURE

Compréhension et vocabulaire

1 *Les déboires de Deslauriers*. **Complète le texte en choisissant parmi les mots en italiques celui qui convient.**

Pendant l'absence de Frédéric, Deslauriers s'était présenté au concours d'agrégation avec une thèse sur le droit de tester, où il (0) *prétendait / soutenait / croyait* qu'on devait le restreindre autant que possible. Le président l'avait (1) *interrompu / encouragé / blâmé* :
— Bien ! bien ! Monsieur ! nous n'avons que faire de vos (2) *opinions / suppositions / proclamations* politiques, vous vous représenterez plus tard !
Deslauriers n'avait pas voulu se représenter. Mais cet (3) *erreur / échec / injustice* l'avait révolté. Il s'était démis de sa place de maître-clerc. Il vivait en donnant des répétitions, en fabriquant des thèses. Frédéric lui avait donné rendez-vous quelques jours après son retour à Paris. Dès qu'ils furent seuls, Deslauriers s'écria :
— Ah ! saperlotte, nous allons nous la passer douce, maintenant !
Frédéric n'aima point cette manière de s'associer, (4) *un jour / tout de suite / plus tard*, à sa fortune. Son ami témoignait trop de (5) *joie / bonheur / plaisir* pour eux deux, et pas assez pour lui seul. Ensuite, Deslauriers conta son échec, et peu à peu ses travaux, son existence, parlant de lui-même stoïquement et des autres avec (6) *bienveillance / aigreur / colère*. Tout lui déplaisait. Pas un homme en place qui ne fût un crétin ou une canaille. Et, revenant sur l'héritage, il exprima cette idée : que les successions collatérales (chose injuste en soi, bien qu'il se réjouît de celle-là) seraient (7) *interdites / taxées / abolies*, un de ces jours, à la prochaine Révolution.

— Tu crois ? dit Frédéric.
— Compte dessus, répondit-il. Ça ne peut pas durer on souffre trop. Quand je vois dans la misère des gens comme Sénécal ...
« Toujours le Sénécal ! » pensa Frédéric.

Vocabulaire et production écrite

2a *Le repas chez Frédéric.* **Complète le texte avec les mots dans l'encadré.**

> absence • agacer • allumettes • appartement • appétit
> chapeau • cou • désagréable • dessert • épaules
> fortune • peuple • renégat • riche

Pour fêter son retour à Paris après sa longue (0) ...., Frédéric invita ses amis à déjeuner dans son nouvel (1) .... L'intérieur cossu mit Sénécal de mauvaise humeur. Deslauriers évaluait chaque meuble d'un seul coup d'œil ; seul Dussardier lui sauta au (2) .... en entrant et se réjouit sincèrement de la bonne (3) .... de son ami. Cisy parut, avec un crêpe à son (4) .... Sa grand-mère venait de mourir, si bien qu'il jouissait d'une fortune considérable. À midi, Arnoux n'étant pas encore arrivé, Pellerin qui le considérait comme un (5) .... depuis qu'il avait abandonné les arts proposa de se passer de lui. Tous approuvèrent. Pendant le repas, Sénécal fut (6) ...., il plaignait l'ouvrier et fustigeait les (7) .... qui ont tout alors que le (8) .... n'a rien. Deslauriers approuvait de la tête, tout en mangeant avec (9) .... Après le (10) ...., on passa dans le salon de style Louis XVI. Pellerin blâma le choix de la couleur ; Sénécal frotta des (11) .... contre les tentures ; Deslauriers critiqua les livres de la bibliothèque. Ils arrivèrent à (12) .... tellement Frédéric, qu'il eut envie de les pousser dehors par les (13) .... À cinq heures du soir, tous s'en allèrent. Dans la rue, quand Dussardier dit que Frédéric les avait reçus parfaitement, les autres se turent.

2b Resté seul, Frédéric repense à ses amis, et sent entre eux et lui comme un grand fossé plein d'ombre qui les sépare. Il leur a tendu la main cependant, et ils n'ont pas répondu à la franchise de son cœur. Sauf un ... Lequel ? Comment expliques-tu l'attitude des autres ?

....
....
....
....

Production orale

3 *Nouveau licenciement pour Sénécal.*

Un matin, Deslauriers entre chez Frédéric ; les discours incendiaires de Sénécal ont inquiété son patron, et, une fois de plus, il se trouve sans ressources. Il demande alors à Frédéric d'aider le mathématicien en lui procurant une place par Dambreuse ou même Arnoux, qui pourrait avoir besoin d'un ingénieur dans sa fabrique.
À deux. Imaginez la scène et le dialogue entre les deux amis, Deslauriers vantant les qualités de Sénécal, Frédéric critiquant ses défauts.

ACTIVITÉS DE PRÉ-LECTURE

Compréhension et production

4a *Frédéric arrive un soir chez les Arnoux en pleine scène de ménage.* Reconstitue la dispute entre Arnoux et sa femme en indiquant l'ordre logique des phrases.

- ☐ **a** Est-ce que je peux me rappeler le commis !
- ☐ **b** Ah ! Cela ne te suffit pas ?
- ☐ **c** Oh ! c'est bien simple : j'ai été pour faire réparer mon cachemire, et un chef de rayon m'a appris qu'on venait d'en expédier un autre pareil chez madame Arnoux.

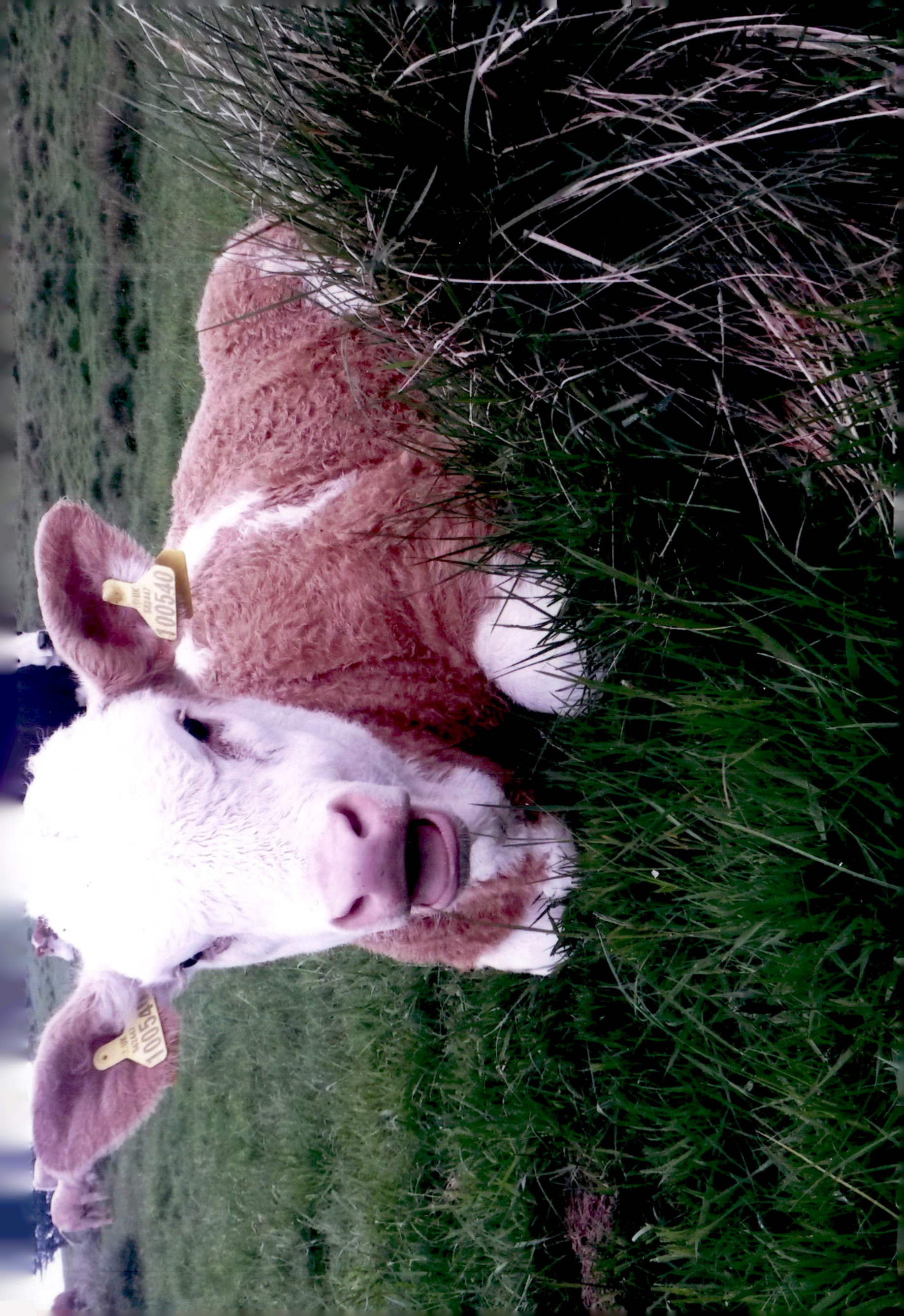
100540

- [ ] **d** Enfin, j'affirme que tu te trompes ! Veux-tu que je t'en jure ma parole ?
- [ ] **e** Du moment qu'on s'emporte, je préfère m'en aller ; d'ailleurs j'ai besoin de prendre l'air. Ne vous mariez pas, mon pauvre ami, non, croyez-moi !
- [ ] **f** Pour la vôtre ! s'écria Mme Arnoux, se levant toute droite.
- [ ] **g** Et même, le commis qui te l'a vendu était un blond !
- [ ] **h** Ne recommencez pas ! Je sais tout !
- [ ] **i** Pas du tout ! Car nous avons dîné chez les Bertin, le 14.
- [ ] **j** Pour sa maîtresse.
- [ ] **k** Ah ! très bien ! Ainsi, on m'espionne !
- [1] **l** Ne mens pas! Tu l'as acheté au Persan, je le sais ! C'était l'autre mois, un samedi, le 14.
- [ ] **m** Cela blesse, peut-être, votre délicatesse ?
- [ ] **n** Mais ... qu'est-ce que ça prouve ?
- [ ] **o** Il a cependant écrit, sous ta dictée, l'adresse : 18, rue de Laval.
- [ ] **p** Je me suis fait remettre la facture. La voici.
- [ ] **q** Oui ! mais pas Jacques Arnoux.
- [ ] **r** Est-ce ma faute, à moi, s'il y a dans la même rue une dame Arnoux ?
- [ ] **s** Attends, je me rappelle. C'est une commission. Une commission dont j'étais chargé ... par ... par le père Oudry.
- [ ] **t** Ce n'est point la peine.
- [ ] **u** Comment sais-tu ?
- [ ] **v** Le 14... ? fit Arnoux, en levant les yeux comme pour chercher une date.
- [ ] **w** Je te jure...
- [ ] **x** Impossible, ce jour-là j'étais à Creil ! Ainsi, tu vois.
- [ ] **y** Et pour qui ?
- [ ] **z** Pourquoi ?

4b Par quel indice d'énonciation l'auteur indique-t-il qu'au terme de cette scène de ménage un fossé sépare désormais madame Arnoux de son mari ?

....

....

Chapitre 8

La demande en mariage

Quelques jours après la scène du Champ de Mars, Frédéric reçut une lettre de son notaire qui lui annonçait l'envoi des quinze mille francs requis*. Pour la ferme qu'il avait mise en vente, et dont l'argent devait servir à acheter les actions de Dambreuse, il devrait encore patienter. Frédéric alla vite chez Deslauriers lui apprendre la bonne nouvelle. L'annonce des quinze mille francs (il n'y comptait plus, sans doute) lui causa un ricanement de plaisir.

— C'est bien, mon brave, c'est bien, c'est très bien !

Et il parla immédiatement du Journal. La première chose à faire était de se débarrasser d'Hussonnet. Ce crétin-là le fatiguait ; et puis, il ne voulait partager avec personne son vieux rêve : une rédaction en chef pour lui seul, c'est-à-dire le bonheur inexprimable de diriger les autres, de tailler* en plein dans leurs articles, d'en commander, d'en refuser. Ses yeux pétillaient* sous ses lunettes. Frédéric, en l'écoutant, éprouvait une sensation de rajeunissement, comme un homme qui, après un long séjour dans une chambre, est transporté au grand air. Cet enthousiasme le gagnait.

— À la bonne heure ! s'écria Deslauriers ; je retrouve mon Frédéric ! Ah ! tu m'as fait souffrir. N'importe* ! je t'aime tout de même.

requis demandés
tailler couper

pétillaient brillaient comme des étincelles
n'importe ça ne fait rien

Ils étaient debout et se regardaient, attendris l'un et l'autre, et près de s'embrasser.

Le lendemain à son réveil, Frédéric reçut par la poste un bon de quinze mille francs sur la Banque. Ce chiffon de papier lui représenta quinze gros sacs d'argent ; et il se dit qu'avec une somme pareille, il pourrait garder sa voiture pendant trois ans, au lieu de la vendre comme il y serait forcé prochainement. Cependant, il avait promis... Il en était à regretter déjà cet argent qu'il n'avait pas encore remis à son ami qu'Arnoux entra, l'air visiblement accablé*. Il avait à verser le jour même dix-huit mille francs, une dette* que son créancier lui réclamait sans délai*. « Qui ? » se demandait Frédéric tandis qu'il écoutait ses explications, « Oury ? Dambreuse ? Les deux ? ».

— C'est un désastre, on va mettre en vente mon immeuble. Ma réputation ne s'en relèvera pas. Ah ! si je trouvais quelqu'un pour m'avancer* cette maudite somme-là ! Vous ne l'auriez pas, par hasard ?

Comment faire ? Frédéric voulait tenir sa parole envers Deslauriers, et cependant obliger* Arnoux.

— Et songer que, d'ici à huit jours, j'aurai des rentrées ! On me doit peut-être... cinquante mille francs pour la fin du mois !

Il se tut, et il marchait dans la chambre de long en large.

— Ce n'est pas pour moi, mon Dieu ! mais pour mes enfants, pour ma pauvre femme !

— Quand le rendriez-vous, cet argent ? C'est dix-huit mille francs qu'il vous faut, n'est-ce pas ?

— Oh ! je me contenterais bien de quinze ou seize mille ! et, je vous le répète, dans huit jours, peut-être même dans cinq ou six, l'argent sera remboursé.

---

accablé désespéré
dette somme d'argent qu'une personne doit rembourser à quelqu'un

sans délai immédiatement
m'avancer me prêter
obliger rendre service

— Tenez, voici un bon de quinze mille francs que je destinais à une autre affaire, mais vous en avez plus besoin que moi.

Vingt-quatre heures après, il écrivit à Deslauriers lui disant qu'il n'avait rien reçu. L'Avocat vint immédiatement et offrit d'aller lui-même chercher cet argent chez le notaire, au Havre. Frédéric lui demanda d'attendre quelques jours. À la fin de la semaine, comme convenu, il demanda timidement à Arnoux ses quinze mille francs. Le faïencier le remit au lendemain, puis au surlendemain et, finalement, lui dit que ses recouvrements* n'ayant pas eu lieu, il ne pouvait rendre actuellement les quinze mille francs.

En rentrant, Frédéric se trouva nez à nez avec Deslauriers :

— Sois franc, les as-tu, oui ou non ?

— Eh bien, non ! dit Frédéric. Je les ai perdus !

— Ah ! et à quoi ?

— Au jeu !

Deslauriers ne répondit pas un mot, salua très bas*, et partit.

Dans la même semaine, son notaire du Havre lui envoya le prix de sa ferme, cent soixante-quatorze mille francs. Frédéric en fit deux parts, plaça la première sur l'Etat, et alla porter la seconde chez un agent de change pour la risquer à la Bourse. Quant à sa vie, son existence était celle d'un rentier : il mangeait dans les restaurants à la mode, fréquentait les théâtres et tâchait de se distraire, d'oublier surtout les deux femmes qui l'avaient fait souffrir.

À la fin du mois, les actions du Nord ayant fait quinze francs de hausse, comme il en avait acheté deux mille, il se trouva gagner trente mille francs. Cette caresse de la fortune lui redonna confiance. Il se dit qu'il n'avait besoin de personne, que tous ses embarras*

---

recouvrements rentrées d'argent
salua très bas salua en se baissant de façon théâtrale vers le sol

embarras ici, ennuis, problèmes

venaient de sa timidité, de ses hésitations. À la fin de juillet, une baisse inexplicable fit tomber ces mêmes actions. Frédéric, qui avait parié sur une nouvelle hausse, n'avait pas vendu les siennes ; il perdit d'un seul coup soixante mille francs. Ses revenus s'en trouvèrent sensiblement diminués. Il devait ou restreindre ses dépenses, ou trouver un emploi, ou faire un beau mariage.

Un jour, au plus fort de la crise qui avait suivi sa perte à la Bourse, il rencontra Dussardier ; Deslauriers était avec lui. L'Avocat, qui avait plaidé avec succès quelques affaires, le salua cordialement, lui faisant comprendre qu'il ne lui gardait pas rancune de ce qui s'était passé. Alors, Frédéric s'épancha* ; il raconta à son ami sa mésaventure avec Arnoux, ses déboires* amoureux, l'argent qu'il avait perdu à la Bourse, et qui devait lui servir à obtenir la place de secrétaire offerte par Dambreuse. Sa mère lui ayant écrit pour le prier de venir passer la fin de l'été à Nogent, Deslauriers lui conseilla de prendre un peu de repos loin de Paris. Il profita par la même occasion des confidences de son ami pour se faire remettre le document qu'avait souscrit Arnoux en contrepartie du prêt de quinze mille francs. « Fais-moi confiance ! lui avait-il lancé lorsqu'ils s'étaient quittés, tu récupéreras ton argent. »

Frédéric était un peu fatigué ; la province et la maison maternelle le délasseraient. Il partit. L'aspect des rues de Nogent, qu'il monta sous le clair de la lune, le reporta dans de vieux souvenirs ; et il éprouvait une sorte d'angoisse*, comme ceux qui reviennent après de longs voyages. Il trouva chez sa mère tous les habitués d'autrefois ; plus, le père Roque, et, en face de madame Moreau, devant une table de jeu, Louise. C'était une femme, à présent. Elle se leva, en poussant un cri, et resta un instant immobile, debout. Cette émotion flatta

---

s'épancha se confia
déboires mauvaises fortunes ; insuccès

angoisse peur panique

démesurément Frédéric, dont l'orgueil était malade ; il se dit : « Tu m'aimeras, toi ! » et, prenant sa revanche des déboires qu'il avait essuyés là-bas, il se mit à éblouir ses compatriotes afin de se mettre en valeur aux yeux de la jeune fille.

Le lendemain, madame Moreau s'étendit sur les qualités de Louise ; puis énuméra les bois, les fermes qu'elle posséderait. La fortune du père Roque était considérable. Celui-ci, d'ailleurs, couvait* au fond de son âme une ambition. Il voulait que sa fille soit comtesse ; et, pour y parvenir, sans mettre en jeu le bonheur de son enfant, il ne connaissait pas d'autre jeune homme que celui-là. Par la protection de Dambreuse, on lui ferait avoir le titre de son aïeul, madame Moreau étant la fille d'un comte de Fouvens, apparentée, d'ailleurs, aux plus vieilles familles champenoises. Tant d'honorabilité fascinait Roque, fils d'un ancien domestique. Si la couronne comtale ne venait pas, il s'en consolerait sur autre chose ; car Frédéric pouvait parvenir à la députation quand Dambreuse serait élevé à la pairie, et alors l'aider dans ses affaires, lui obtenir des fournitures, des concessions. Le jeune homme lui plaisait, personnellement. Enfin il le voulait pour gendre*, parce que, depuis longtemps, il s'était féru de* cette idée, qui ne faisait que s'accroître. Il s'était même mis à fréquenter l'église ; et il avait séduit madame Moreau par l'espoir du titre, surtout. Elle s'était gardée cependant de faire une réponse décisive. Toujours est-il que huit jours après son arrivée, sans qu'aucun engagement eût été pris, Frédéric passait pour « le futur » de mademoiselle Louise ; et le père Roque, peu scrupuleux, les laissait ensemble quelquefois.

Tous deux avaient pris l'habitude d'aller se promener le long de la rivière. La jeune fille se plaignait de l'aridité de son existence, n'ayant

couvait ici, avait
gendre mari de sa fille

il s'était féru de il s'était mis en tête

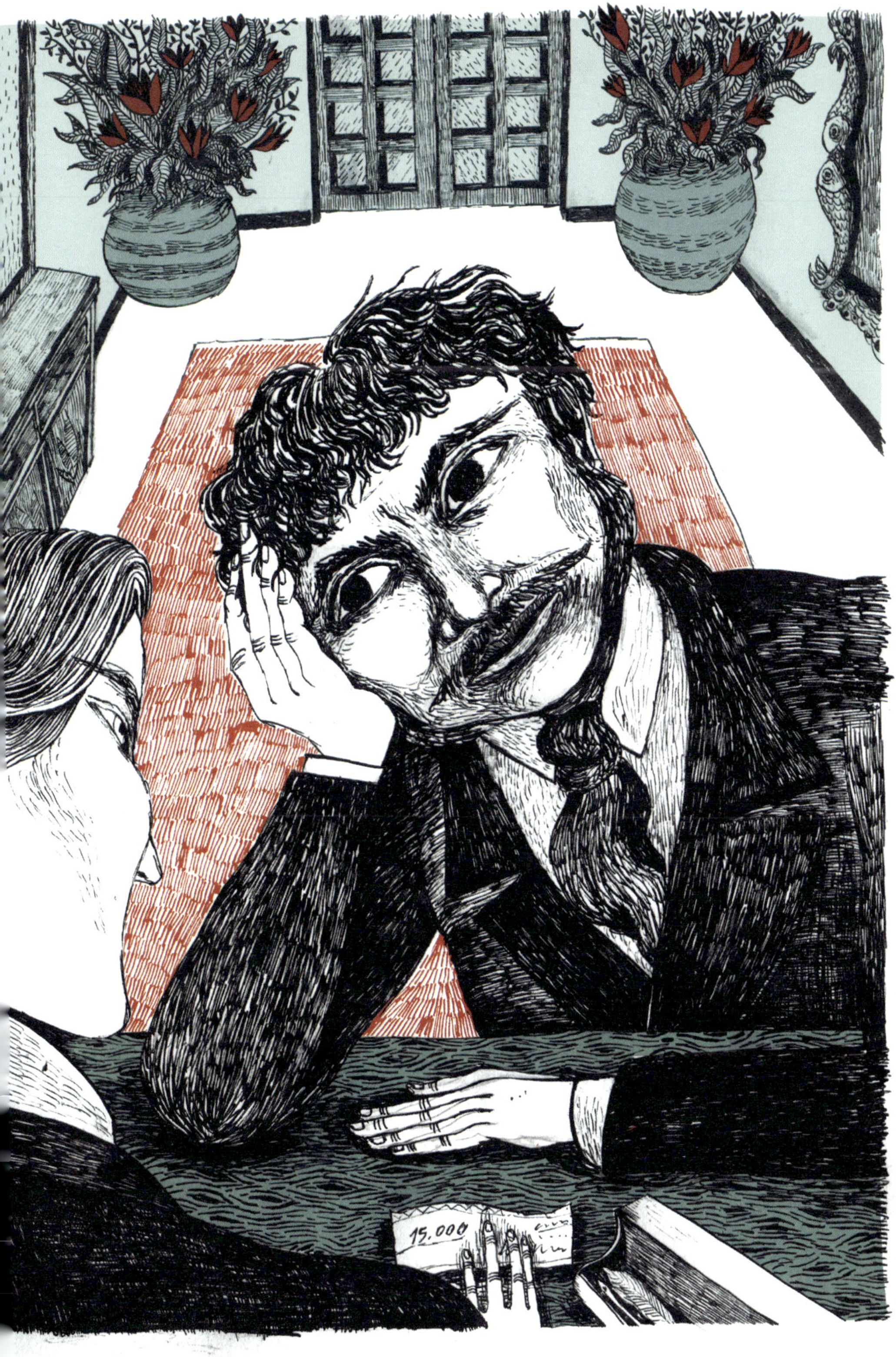
15.000

personne à voir, pas le moindre plaisir, la moindre distraction ! Frédéric l'observait. Pour la première fois de sa vie, il se sentait aimé ; et ce plaisir nouveau lui causait comme un gonflement intime. Comprenant qu'elle ne lui était pas indifférente, Louise essayait, jour après jour, d'en savoir davantage sur ce « méchant » qui ne lui avait pas écrit une seule fois pendant son absence.

— Peut-être que vous avez là-bas… (elle chercha le mot), quelque affection, lui dit-elle un jour qu'il regardait les nuages filer vers Paris.

— Eh ! je n'ai pas d'affection !

— Bien sûr ?

— Mais oui, Mademoiselle, bien sûr !

— Est-ce vrai ? s'écria-t-elle, en le regardant avec un sourire qui éclairait tout son visage, un peu semé de taches de son*.

Il ne résista pas à cette bravoure de sentiment, à la fraîcheur de sa jeunesse, et il reprit :

— Pourquoi te mentirais-je ?… tu en doutes… hein ? en lui passant le bras gauche autour de la taille.

Un cri, suave comme un roucoulement, jaillit de sa gorge ; sa tête se renversa, elle défaillait, il la soutint. Tout à coup elle le repoussa, et, d'un ton amer* :

— Tu n'aurais pas le courage de m'emmener !

Il resta immobile avec un grand air d'ébahissement. Elle éclata en sanglots, et s'enfonçant la tête dans sa poitrine :

— Tu sais bien que je ne peux pas vivre sans toi !

Il tâchait* de la calmer. Elle lui mit ses deux mains sur les épaules pour le mieux voir en face, et, dardant* contre les siennes ses prunelles vertes, d'une humidité presque féroce :

---

taches de son taches de rousseur
amer ici, de reproche

il tâchait de il faisait de son mieux pour la calmer
dardant dirigeant intensément

— Veux-tu être mon mari ?

— Mais…, répliqua Frédéric, cherchant quelque réponse. Sans doute… Je ne demande pas mieux.

À ce moment la casquette de M. Roque apparut derrière un lilas. Il emmena « son jeune ami » pendant deux jours faire un petit voyage aux environs, dans ses propriétés ; et Frédéric, lorsqu'il revint, trouva chez sa mère une lettre. Elle était de Rosanette ; après beaucoup d'ambages*, la jeune femme implorait* de lui, en invoquant son amitié, se fiant à sa délicatesse, à deux genoux, disait-elle, vu la nécessité pressante, et comme on demande du pain, un petit secours de cinq cents francs. Il se décida tout de suite à les fournir. D'ailleurs, la nostalgie du boulevard commençait à le prendre ; et puis sa mère le pressait tellement, le père Roque tournait si bien autour de lui et Louise l'aimait si fort, qu'il ne pouvait rester plus longtemps sans se déclarer. Or, il avait besoin de réfléchir, il jugerait mieux les choses dans l'éloignement. Pour motiver son voyage, Frédéric inventa une histoire ; et il partit, en disant à tout le monde et croyant lui-même qu'il reviendrait bientôt.

En arrivant à son hôtel, Frédéric trouva une lettre de Deslauriers, dans laquelle il lui annonçait qu'il s'était rendu à Troyes *pour affaires*, que la sienne – les quinze mille francs, pensa Frédéric – était en cours : il disait avoir pris les contacts nécessaires (sans citer nommément Arnoux), et enjoignait Frédéric de ne rien faire avant son retour. Pourvu qu'il n'en ait pas parlé à sa femme, se dit Frédéric qui, bien qu'éconduit par madame Arnoux, lui avait conservé inconsciemment tout son amour. Pour s'en assurer, il se rendit au 37 rue Paradis-Poissonnière : « Madame était à la fabrique de Monsieur ».

---

ambages détours, hésitations
implorait de lui lui demandait en le suppliant presque

ACTIVITÉS DE POST-LECTURE

Grammaire du texte

1 *Quel temps, quel mode ?* **Complète le texte en choisissant parmi les formes verbales en italiques celle qui convient. Attention il peut y avoir plusieurs solutions.**

La veille de son départ pour Nogent, Frédéric ☐ *se rendit* ☐ *s'était rendu* ☐ *se rendait* ☐ *s'est rendu* chez Rosanette ; Il ☐ *a voulu* ☐ *voulait* ☐ *voulut* ☐ *voudrait* voir sa réaction quand il lui ☐ *aura dit* ☐ *dira* ☐ *aurait dit* ☐ *dirait* qu'il ☐ *a quitté* ☐ *quittait* ☐ *avait quitté* Paris. Il ☐ *était entré* ☐ *entrait* ☐ *entra* dans l'immeuble de la rue de Laval. Quelqu'un, devant lui, qui ☐ *montait* ☐ *monta* l'escalier, ☐ *eut fermé* ☐ *ferma* ☐ *fermait* la porte. Il ☐ *tira* ☐ *avait tiré* la sonnette ; la domestique ☐ *était venue* ☐ *vint* ouvrir, et ☐ *affirma* ☐ *avait affirmé* que Madame n'y ☐ *était* ☐ *fut* pas. Frédéric ☐ *descendit* ☐ *descendait* l'escalier, lentement. Ce caprice-là ☐ *dépassait* ☐ *dépassa* tous les autres. Il n'y ☐ *comprenait* ☐ *comprit* rien. Devant la loge du portier, mademoiselle Vatnaz ☐ *l'arrêta* ☐ *l'arrêtait*. Elle ☐ *l'emmena* ☐ *l'avait emmené* dans la rue. Elle haletait. Il sentait son bras maigre trembler sur le sien. Tout à coup elle ☐ *éclata* ☐ *éclatait*. L'homme que Frédéric ☐ *voyait* ☐ *avait vu* monter l'escalier devant lui n'était autre que Delmar, l'acteur. « Comprenez-vous maintenant ? ☐ *Je devais* ☐ *J'aurais dû* m'y attendre, d'ailleurs c'est moi, dans ma bêtise, qui le lui ai fait connaître. Et si vous ☐ *saviez* ☐ *savez*, mon Dieu ! Je ☐ *le recueillais* ☐ *l'ai recueilli*, je ☐ *le nourrissais* ☐ *l'ai nourri*, je ☐ *l'habillais* ☐ *l'ai habillé* ; et toutes mes démarches dans les journaux ! Je ☐ *l'aimais* ☐ *l'ai aimé* comme une mère ! Et elle ! Dire que je ☐ *l'ai connue* ☐ *l'avait connue* confectionneuse de lingerie ! Sans moi, plus de vingt fois, elle ☐ *serait tombée* ☐ *tomberait* dans la crotte. Mais je l'y ☐ *plongerai* ☐ *ai plongée*! Oh oui ! Je veux qu'elle crève à l'hôpital On ☐ *a tout su* ☐ *savait tout* ☐ *saura tout* ! » Et, comme un torrent d'eau de vaisselle qui charrie des ordures, sa colère ☐ *fit* ☐ *faisait* passer tumultueusement sous Frédéric les hontes de sa rivale ; elle lui énuméra tous les noms de ses amants, elle les connaissait tous : Arnoux, Oudry, Jumillac, Flacourt, Allard … « Et quand elle avait des embarras, ☐ *j'arrangeais tout* ☐ *j'avais tout arrangé*. Qu'est-ce que j'y ☐ *gagnais* ☐ *ai gagné* ? Elle ☐ *est* ☐ *était* si avare ! Et avec ça, bête comme un chou ! Elle ☐ *écrivait* ☐ *écrit* catégorie par un *th*. Au reste, ils ☐ *vont* ☐ *allaient* bien ensemble ; quoiqu'il se ☐ *dit* ☐ *dise* artiste et se ☐ *croie* ☐ *croyait* ☐ *croit* du génie, il est aussi bête qu'elle ! On ne ☐ *quitte* ☐ *quitterait* pas une femme supérieure comme moi pour une coquine ! Je m'en moque, après tout. Il devient laid ! Je l'exècre ! Quant à elle, si je la ☐ *rencontrais* ☐ *rencontre*, tenez, je lui ☐ *cracherais* ☐ *cracherai* à la figure. »

Vocabulaire et production écrite

2 Cherche dans la grille les 15 mots-clés du chapitre puis utilise les pour rédiger la synthèse des principaux événements qui se sont produits.

	A	B	C	D	E	F	G	H	I	J	K	L
1	J	W	A	C	T	I	O	N	S	B	I	P
2	F	X	I	R	P	B	O	U	R	S	E	B
3	A	M	B	I	T	I	O	N	V	N	R	D
4	B	L	W	B	R	E	P	O	S	U	X	E
5	R	H	V	O	Y	A	G	E	O	N	T	T
6	I	J	J	B	G	E	N	D	R	E	J	T
7	Q	I	L	A	Z	L	B	A	I	S	S	E
8	U	R	E	V	A	N	C	H	E	P	K	I
9	E	E	T	R	M	X	H	A	U	S	S	E
10	N	O	T	A	I	R	E	L	Q	T	W	M
11	F	E	R	M	E	F	P	K	L	M	W	D
12	P	Y	E	R	A	N	C	U	N	E	I	B

103

ACTIVITÉS DE PRÉ-LECTURE

Compréhension et syntaxe

3 **Complète la scène de la rupture entre Louise et Frédéric en plaçant correctement les éléments de phrases dans le désordre.**

(0) ..*3*..**riches** ..*5*..**de toutes sortes** ..*2*..**passèrent,** ..*4*..**en événements** ..*1*..**Dix mois.** Depuis son départ, Frédéric n'avait pas écrit une seule fois à Louise. Le jeune fille, n'y tenant plus, obligea son père et Catherine, sa gouvernante, à l'accompagner à Paris. (1) ……**à l'adresse** ……**Après s'être inutilement** ……**plusieurs fois** ……**du jeune homme** ……**rendue,** elle finit par le rencontrer chez Dambreuse, le banquier l'ayant fait venir sous prétexte de connaître sa réponse quant au poste de secrétaire qu'il lui avait proposé (en réalité, d'accord avec le père Roque, il avait inventé ce stratagème pour obliger Frédéric à rencontrer Louise). Quand elle le vit, le visage de la jeune fille s'illumina ; puis, l'ayant attiré dans le jardin :

— Ah ! enfin ! enfin ! Ai-je assez souffert depuis un an que tu n'es venu !
— Il n'y a pas un an, dit Frédéric, heureux de la reprendre sur ce détail pour esquiver les autres.
— Soit ! Le temps m'a paru long, voilà tout ! Mais, (2) ……**c'est à croire que** ……**honte de moi** ……**tu as l'air** ……**gêné,** ……**tu as !**
— Tu te trompes, dit Frédéric.
— Vraiment ! Jure-moi que tu n'en aimes pas une autre ?
— Je te le jure.
— Et c'est moi seule que tu aimes ?
— Parbleu !
— Alors, (3) ……**mon père est** ……**en mariage,** ……**pour me demander** ……**profites-en** ……**au salon.**

Jamais Frédéric n'avait été plus loin du mariage. (4) ……**une petite personne** ……**mademoiselle Roque** ……**assez ridicule.** ……**lui semblait** ……**D'ailleurs,** Cependant sa franchise et sa naïveté l'embarrassaient.

— As-tu bien réfléchi à cette démarche ?
— Comment ! s'écria Louise, glacée de surprise et d'indignation.
— (5) ……actuellement …….serait. …….Se marier …….une folie
— Ainsi tu ne veux pas de moi ?
— Mais tu ne me comprends pas ! Ce n'est pas le moment, les circonstances, les bouleversements politiques … Crois-moi, (6) …… **tout finira ……. je l'espère. ……. quelque temps ; ……est ……le plus raisonnable ……par s'arranger, ……de patienter ……du moins**

Et, comme il ne trouvait plus de raisons, il feignit de se rappeler brusquement qu'il aurait dû être depuis deux heures chez des amis. (7) **…….Il rentra …….salua Dambreuse …….à la hâte. ……. précipitamment …….l'hôtel …….dans le salon, et le père Roque, …….et quitta**
(8) **…….Louise …….du jardin …….de s'asseoir …….fut obligée ……. une chaise ; …….sur** et elle pleura, la tête dans ses mains, abondamment, de tout son cœur. Catherine la ramena au salon en la soutenant, en la baisant, en lui disant toutes sortes de bonnes choses tirées de son expérience. (9) **…….Il ne fallait pas …….elle en trouverait …….si celui-là manquait, …….pour les amoureux ; …….se faire tant de mal …….d'autres !**

Production orale

4 ***Deslauriers chez madame Arnoux.*** Avant que Frédéric ne quitte Paris pour Nogent, Deslauriers s'est fait remettre une procuration avec laquelle il espère bien récupérer les quinze mille francs qui étaient destinés à son journal et qui avaient fini entre les mains du faïencier. Pendant l'absence de son ami, il se rend chez Arnoux ; c'est sa femme qui le reçoit.
À deux, imaginez la scène.

Chapitre 9

Février 1848

Frédéric courut à la gare ; puis, dans le wagon : « J'ai eu tort, peut-être ? Ah bah ! qu'importe ».

À droite et à gauche, des plaines vertes s'étendaient ; les maisonnettes des gares glissaient comme des décors, et la fumée de la locomotive versait toujours du même côté ses gros flocons* qui dansaient sur l'herbe quelque temps, puis se dispersaient.

Frédéric, seul sur sa banquette, regardait cela, par ennui, perdu dans cette langueur que donne l'excès même de l'impatience. Mais des grues*, des magasins, parurent. C'était Creil. Il trouva la fabrique d'Arnoux au fond d'un chemin creux, près de la rivière. Elle était déserte. De la cour vide montait une sensation d'abandon qui se prolongeait sur les grandes baies vitrées de l'atelier, où traînaient, çà et là, des débris de vaisselle et de vases. Il entendit des bruits de pas à l'intérieur, poussa la porte :

— Comment, vous ici ! Vous !

C'était madame Arnoux, seule au milieu du vide.

— Je vous dérange, peut-être, dit-il en faisant mine de s'en aller.

— Non, restez. Je n'imaginais pas vous revoir un jour.

Et elle lui prit le bras, comme s'ils venaient à peine de se quitter. Un chemin longeait la rivière, ils le prirent. Elle lui parla de sa

---

flocons agglomérat de gouttelettes d'eau solidifiée (flocons de neige) ; ici, emploi figuré

grues engin pivotant sur lui-même, utilisé dans les chantiers de constructions pour lever les lourdes charges

nouvelle vie, de ses enfants ; lui dit que le mauvais caractère de sa fille l'avait forcée de la mettre dans un couvent, qu'elle était inquiète pour son fils qui avait de la fièvre depuis quelques jours. Frédéric, pour la rassurer, lui dit que beaucoup d'enfants avaient la grippe en cette période de l'année, qu'il était donc normal qu'il toussât un peu. Ils se disaient des choses sans importance comme entre bons camarades. Pour le reste, elle savait tout, l'argent que Frédéric avait prêté à son mari, le mensonge par lequel il lui avait fait croire que Rosanette était la maîtresse du jeune homme, une nouvelle échéance qui obligeait à présent Arnoux à vendre sa fabrique ; que leur resterait-il, mon Dieu ! Frédéric l'écoutait, ému jusqu'aux larmes de sentir sa main presser son bras tandis qu'ils marchaient. Alors, finalement, inexplicablement leurs deux cœurs s'épanchèrent. Et ils s'aperçurent qu'ils avaient les mêmes goûts, les mêmes jugements sur les gens, sur les choses...

— Ah ! si j'avais été plus jeune ! soupira-t-elle.

— Non ! moi, un peu plus vieux.

— C'est trop tard, maintenant. Il ne faut plus que nous nous revoyions, ce serait mal.

— Non, laissez-moi revenir, je vous en supplie. Nous nous promènerons comme aujourd'hui, je n'en demande pas davantage.

— Soit ! dit-elle, avec une bravoure de décision qui stupéfia d'abord Frédéric.

Sans lui donner le temps de réfléchir, il ajouta :

— Demain ?

— Demain ?

— Oui, entre deux et trois heures, ici même.

— J'y serai !

GUSTAVE FLAUBERT

Et elle détourna son visage, par un mouvement de honte. Frédéric lui posa ses lèvres sur la nuque*.

— Oh ! ce n'est pas bien, dit-elle. Vous me feriez repentir*.

Le lendemain, Frédéric reprit le train pour Creil. Il trouva la fabrique plus vide encore que la veille. La grille était close* ; il attendit madame Arnoux toute l'après-midi, et ne se décida à quitter son poste qu'à la nuit tombante. Elle n'était pas venue, elle ne viendrait plus. Dans le train qui le ramenait à Paris, une colère d'orgueil le saisit. Il se jura de n'avoir plus même un désir ; et, comme un feuillage emporté par un ouragan, son amour disparut. Il en ressentit un soulagement, une joie stoïque. En sortant de la gare, il remarqua une grande agitation ; des hommes des faubourgs passaient, armés de fusils, de vieux sabres, quelques-uns portant des bonnets rouges, et tous chantaient la Marseillaise. Frédéric fit signe à un garde national qui se hâtait pour rejoindre sa mairie. Des tambours, au loin, résonnaient :

— La troupe a fait feu sur les manifestants, la Révolution est en marche, Citoyen ! Vive la Réforme !

Il y avait dans l'air quelque chose de gaillard et de belliqueux. Frédéric marchait toujours. L'agitation de la grande ville le rendait presque gai. Il s'assombrit cependant lorsqu'il vit les charrettes où étaient entassés les cinquante-deux martyrs* du boulevard des Capucines. À la hauteur de Frascati, il aperçut les fenêtres de la Maréchale ; une idée folle lui vint, une réaction de jeunesse. Il traversa le boulevard. On fermait la porte cochère* ; Delphine, la femme de chambre, lui dit vivement :

— Ah ! Madame est dans un bel état ! Elle croit qu'on va piller* partout ! Elle crève de peur* ! d'autant plus que Monsieur est parti !

---

nuque partie postérieure du cou, située entre la base du crâne et les épaules
repentir regretter
close fermée

martyrs ici, victimes
porte cochère anciennement, large porte en bas d'un immeuble pour le passage des voitures à cheval
piller voler et saccager, dévaster
elle crève de peur (*fam.*) elle a très peur

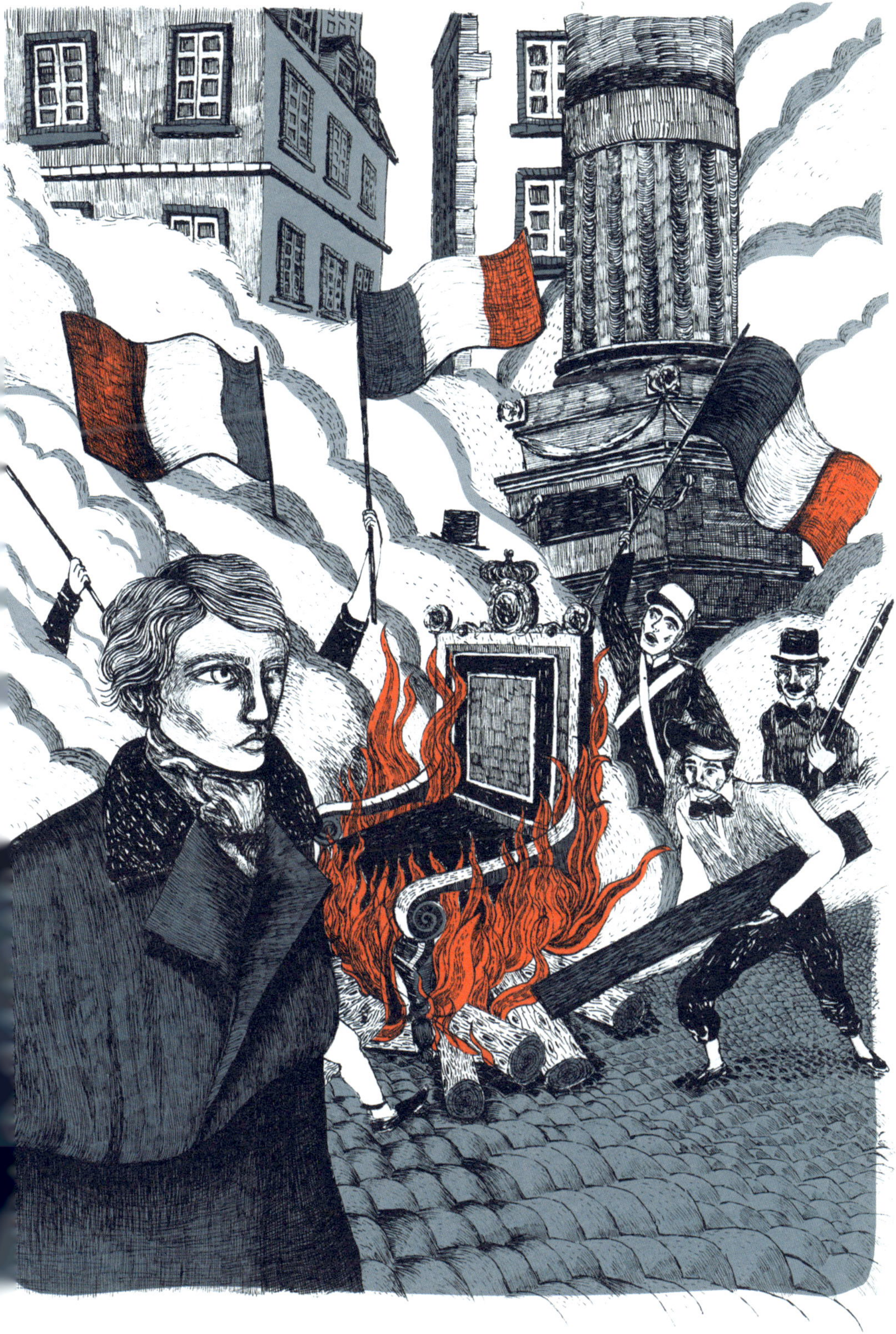

— Quel monsieur ?
— Le Prince !

Quel prince ? Frédéric ne chercha pas à savoir et entra dans le boudoir. La Maréchale parut, en jupon*, les cheveux sur le dos, bouleversée.

— Ah ! merci ! tu viens me sauver ! c'est la seconde fois ! tu n'en demandes jamais le prix, toi !

— Mille pardons ! dit Frédéric, en lui saisissant la taille par les deux mains.

— Comment ? que fais-tu ? balbutia* la Maréchale, à la fois surprise et égayée par ces manières.

Il répondit :

— Je suis la mode, je me réforme.

Elle se laissa renverser sur le divan, et continuait à rire sous ses baisers.

Plusieurs mois passèrent. La République avait été proclamée ; Pellerin, Regimbart, Hussonnet, Deslauriers, Dussardier, Sénécal, - même Cisy -, tous avaient participé au grand élan révolutionnaire du mois de février. Dambreuse, en homme avisé*, s'était rangé du côté des réformistes et avait proposé à son jeune concitoyen de se présenter aux prochaines élections. Mais Frédéric, qui s'était installé chez Rosanette, semblait se désintéresser des événements : elle et lui s'étaient jetés corps et âme dans leur relation, oubliant – ou s'efforçant d'oublier leur vie antérieure, occupant leurs journées à faire le vide autour d'eux, jaloux d'un nom, d'un regard, d'une ombre.

Pendant ce temps, à Nogent, on était sans nouvelles de Frédéric depuis son départ, soit* près d'un an. Le Père Roque et Louise

---

jupon pièce de lingerie féminine, couvrant anciennement les sous-vêtements proprement dits
balbutia bégaya

avisé intelligent et prudent
soit autrement dit

décidèrent de faire le voyage. Louise voulait savoir où était Frédéric, ce qu'il faisait, pourquoi il ne lui avait pas écrit pendant tout ce temps. Le père et la fille arrivèrent à Paris un matin, après avoir voyagé toute la nuit, Louise ayant voulu prendre la même diligence que son « fiancé ». Ils se présentèrent chez Dambreuse où ils croisèrent Deslauriers introduit chez le banquier par Martinon, lequel s'était entre temps marié avec celle que tout le monde croyait être la nièce de Dambreuse, mais qui était en réalité sa fille illégitime. Le Père Roque l'ayant reconnu, l'Avocat lui expliqua que fort de ses résultats dans la région – il avait été nommé commissaire de la République à Troyes –, Deslauriers pensait pouvoir être utile à Dambreuse. Celui-ci venait d'ailleurs de lui offrir la place de secrétaire qu'il avait proposée à Frédéric. De son côté, Louise, bien décidée à rentrer à Nogent au bras de son « fiancé », s'était présentée chez lui. Le domestique lui refusa l'accès de l'appartement :

— D'ailleurs, Monsieur n'y vient plus depuis des mois !
— Où puis-je le trouver ?
— Je l'ignore, Mademoiselle.

Au même moment, à l'autre bout de Paris, Frédéric apprenait par Rosanette qu'Arnoux était dans de mauvais draps* : « Encore ! pensa-t-il, cela ne finira donc jamais ? ». Oury et Dambreuse avaient exigé le paiement de toutes ses dettes ; Arnoux avait donc vendu la fabrique de faïence, et comme cela ne suffisait pas à les couvrir entièrement, il avait vendu aussi son appartement. Il n'avait plus rien et devait encore douze mille francs à quelqu'un.

Il risque fort d'aller en prison, il parle de s'embarquer pour l'Amérique avec sa famille. Bon débarras !

dans de mauvais draps dans une situation difficile

— On dirait que cela te fait plaisir, dit Frédéric hors de lui*.

— Quelle bêtise ! dit Rosanette en haussant les épaules*.

— Allons, avoue que c'est toi qui as tout manigancé* ! lui lança brutalement Frédéric, convaincu qu'elle avait manipulé Oudry pour qu'il accule* Arnoux à la faillite*.

— Tu te trompes, je t'assure !

— Tu mens ! tu mens, misérable ! Tu es jalouse d'elle ! Toi, une fille de rien ! Pourquoi t'acharnes-tu à vouloir ruiner la femme la plus sainte, la plus charmante et la meilleure ?

Et Frédéric lui rappela ses amants par leurs noms, avec des détails circonstanciés. Rosanette, toute pâlissante, reculait.

— Cela t'étonne ! Tu me croyais aveugle parce que je fermais les yeux. J'en ai assez, aujourd'hui ! On ne meurt pas pour les trahisons d'une femme de ton espèce. Quand elles deviennent trop monstrueuses, on s'en écarte ; ce serait se dégrader que de les punir !

— Et tout cela pour cette madame Arnoux !... s'écria Rosanette en pleurant.

Il reprit froidement :

— Je n'ai jamais aimé qu'elle !

À cette insulte, les larmes de la jeune femme s'arrêtèrent.

— Ça prouve ton bon goût ! Une personne d'un âge mûr, le teint couleur de réglisse, la taille épaisse, des yeux grands comme des soupiraux de cave, et vides comme eux ! Puisque ça te plaît, va la rejoindre.

— C'est ce que j'attendais ! Merci !

« Bon débarras » lui lança la Maréchale à la cantonade pendant que Frédéric dévalait l'escalier.

---

hors de lui très en colère, excédé
en haussant les épaules 'hausser les épaules' est un geste qui indique qu'on n'attache aucune importance aux paroles de quelqu'un, et qu'elles ne méritent pas de réponse
manigancé tramé, combiné
accule mène, pousse
faillite situation d'un commerçant qui ne peut plus payer ses créanciers

Pourvu qu'ils ne soient pas déjà partis, songeait-il en arrivant devant la porte de l'appartement. Il sonna. Une fois, deux fois... Finalement, une porte s'ouvrit. *Elle* !

— Que me vaut l'honneur... d'une visite... aussi imprévue ?

— Laissez cela, je sais tout ! dit Frédéric en entrant.

Un frisson la saisit et elle baissa la tête, se souvenant de sa promesse.

— Vous me pardonnez donc de ne pas être venue à notre rendez-vous ?

Il la regarda, surpris.

— J'avais peur pour mon enfant !

Et elle lui conta la maladie de son fils, ses angoisses ce soir-là et le lendemain. Lorsqu'elle était rentrée à Paris, la dernière fois qu'ils s'étaient vus, à la fabrique d'Arnoux, l'état de son petit Eugène avait empiré* ; la femme de chambre, ne sachant que faire, avait appelé le médecin : ce n'était pas une simple grippe comme elle croyait, mais le croup*. Elle veilla son enfant toute la nuit, désespérée de l'entendre tousser, de le voir se débattre à chaque respiration, chercher l'air...

— Pourquoi ne me l'avez-vous pas fait savoir plus tard ?

— Pourquoi n'êtes-vous plus venu, après ?

Madame Arnoux leva son beau visage, elle était en larmes.

— Est-ce que vous pouviez croire que je ne vous aimais plus ?

Elle répondit d'une voix basse, pleine de caresses :

— Non ! En dépit de tout, je sentais au fond de mon cœur que cela était impossible et qu'un jour l'obstacle entre nous deux s'évanouirait !

Alors Frédéric la prit dans ses bras et il s'étreignirent debout, dans un long baiser. Puis ils restèrent à se contempler, face à face, l'un près de l'autre.

avait empiré s'était aggravé
croup maladie infectieuse infantile assez proche de la diphtérie

GUSTAVE FLAUBERT

— Combien vous faut-il ? dit brusquement Frédéric comme s'il sortait d'un rêve.

Elle le regarda, feignant de ne pas comprendre.

— je sais tout, vous dis-je ; je suis là pour vous aider.

— Douze mille francs ; c'est ce que j'ai cru comprendre.

— Je les ai. À qui ?

— Je ne sais pas, mais le garant de la créance* est notre ancien ami, Regimbart.

— Combien de temps avons-nous ?

— Je l'ignore, mon mari ne me parle jamais de ses affaires.

Regimbart ? Qu'avait-il à voir là-dedans ? N'importe, Frédéric se fit conduire chez lui le lendemain après avoir retiré douze mille francs de sa banque. Le Citoyen habitait à Montmartre, rue de l'Empereur.

Son accueil fut moins rébarbatif* que d'habitude. Pressé par Frédéric, il conta l'histoire d'Arnoux. L'ex-fabricant de faïences avait enguirlandé* un ami à lui, un patriote, possesseur de cent actions du journal *Le Siècle* lequel lui en avait remis cinquante en échange d'une bonne place dans la nouvelle rédaction. Arnoux, tout de suite, les avait vendues ; et, avec l'argent, s'était associé à un marchand d'objets religieux. Là-dessus, réclamations du patriote, lanternements* d'Arnoux ; enfin, l'autre l'avait menacé d'une plainte en escroquerie, s'il ne restituait ses titres ou au moins une partie de la somme équivalente : douze mille francs.

— Mais je les ai ! dit Frédéric. Ils sont dans ma poche.

Le Citoyen se retourna lentement :

— Comme vous y allez, vous ! Nom d'un petit bonhomme ! Hélas, il n'est plus temps ; la plainte est déposée*. D'ailleurs, Arnoux est parti.

---

créance dette
rébarbatif antipathique
enguirlandé (*fam.*) trompé, escroqué ; embobiné (*fam.*), roulé (*fam.*)

lanternements excuses, mensonges pour gagner du temps
la plainte est déposée l'action en justice est en cours

114

— Seul ?

— Non ! avec toute sa famille. On les a vus à la gare du Havre.

— Une vraie tête de linotte*, cet Arnoux ! commenta le Citoyen. Il brûlait la chandelle par les deux bouts*. Ce n'est pas lui que je plains, mais sa pauvre femme ! Elle a dû joliment souffrir !

Rentré chez lui, Frédéric, immobile dans son fauteuil, pensa pendant des jours et des jours à madame Arnoux. Elle était en chemin de fer, sans doute, le visage au carreau* d'un wagon, et regardant la campagne s'enfuir derrière elle du côté de Paris, ou bien sur le pont d'un bateau à vapeur, comme la première fois qu'il l'avait rencontrée ; mais celui-là s'en allait indéfiniment vers des pays d'où elle ne sortirait plus.

Alors, pour oublier, il voyagea.

Il connut la mélancolie des paquebots, les froids réveils sous la tente, l'étourdissement des paysages et des ruines, l'amertume des sympathies interrompues.

Il revint.

Il fréquenta le monde, et il eut d'autres amours, encore. Mais le souvenir continuel du premier les lui rendait insipides ; et puis la véhémence du désir, la fleur même de la sensation était perdue. Ses ambitions artistiques avaient également diminué. Des années passèrent ; et il supportait, résigné, le désœuvrement de son intelligence et l'inertie de son cœur.

---

tête de linotte étourdi, personne sans cervelle
il brûlait la chandelle par les deux bouts il vivait au-dessus de ses moyens

carreau vitre

Chapitre 10

Épilogue

Vers la fin de mars 1867, à la nuit tombante, comme il était seul dans son cabinet, une femme entra.

— Madame Arnoux !

— Frédéric !

Elle le saisit par les mains, l'attira doucement vers la fenêtre, et elle le considérait tout en répétant :

— C'est lui ! C'est donc lui !

Dans la pénombre du crépuscule, il n'apercevait que ses yeux sous la voilette de dentelle noire qui masquait sa figure.

Quand elle eut déposé au bord de la cheminée un petit portefeuille de velours grenat, elle s'assit. Tous deux restèrent sans pouvoir parler, se souriant l'un à l'autre.

Enfin, il lui adressa quantité de questions sur elle et son mari.

Ils habitaient le fond de la Bretagne, pour vivre économiquement et payer leurs dettes. Arnoux, presque toujours malade, semblait un vieillard maintenant. Sa fille était mariée à Bordeaux, et son fils en garnison* à Mostaganem. Puis elle releva la tête :

— Mais je vous revois ! Je suis heureuse !

Et désignant le petit portefeuille grenat couvert de palmes d'or :

— Je l'ai brodé à votre intention, tout exprès. Il contient cette

---

en garnison dans une caserne

somme que vous aviez prêtée à mon mari.

Frédéric la remercia du cadeau, tout en la blâmant* de s'être dérangée.

— Non ! Ce n'est pas pour cela que je suis venue ! Je tenais à cette visite, puis je m'en retournerai… là-bas.

Et elle lui parla de l'endroit qu'elle habitait.

C'était une maison basse, à un seul étage, avec un jardin rempli de buis* énormes et une double avenue de châtaigniers montant jusqu'au haut de la colline, d'où l'on découvre la mer.

— Je vais m'asseoir là, sur un banc, que j'ai appelé le banc Frédéric.

Elle se mit à regarder les meubles, les bibelots*, les cadres, avidement, pour les emporter dans sa mémoire. Puis elle ôta son chapeau. La lampe, posée sur une console, éclaira ses cheveux blancs. Ce fut comme un heurt* en pleine poitrine.

Pour lui cacher cette déception, Frédéric se posa par terre à ses genoux, et, prenant ses mains, se mit à lui dire des tendresses.

Onze heures sonnèrent.

— Déjà ! dit-elle ; au quart, je m'en irai.

Elle se rassit ; mais elle observait la pendule. Tous les deux ne trouvaient plus rien à se dire. Il y a un moment, dans les séparations, où la personne aimée n'est déjà plus avec nous.

Enfin, l'aiguille* ayant dépassé les vingt-cinq minutes, elle prit son chapeau par les brides, lentement.

— Adieu, mon ami, mon cher ami ! Je ne vous reverrai jamais ! C'était ma dernière démarche de femme. Mon âme ne vous quittera pas. Que toutes les bénédictions du ciel soient sur vous !

Et elle le baisa au front comme une mère.

---

blâmant disputant
buis arbustes formant des haies épaisses autour des jardins, des maisons
bibelots petits objets de décoration

heurt choc
aiguille sur le cadran de la montre, tige(s) de métal servant à indiquer les heures et les minutes

GROS PLAN

Gustave Flaubert
L'homme qui n'aimait pas la vie

Gustave Flaubert par Nadar

I. Une enfance singulière

Gustave Flaubert est né le 12 décembre 1821, à Rouen. Sa naissance, ses origines, et l'atmosphère de son enfance il les raconte en quatre phrases lourdes de sens : « *Je suis né à l'hôpital (de Rouen — dont mon père était le chirurgien en chef ; il a laissé un nom illustre dans son art) et j'ai grandi au milieu de toutes les misères humaines — dont un mur me séparait. Tout enfant, j'ai joué dans un amphithéâtre. Voilà pourquoi, peut-être, j'ai les allures à la fois funèbres et cyniques. Je n'aime point la vie et je n'ai point peur de la mort*[1] ».

Seule distraction pour ce fils qui gardera toute sa vie rancune à ses parents de l'avoir mis au monde, la lecture et l'écriture : double face d'une même planche de salut avec laquelle le jeune Gustave s'apprête à promener son éternel ennui à travers l'existence. À onze ans, il découvre *Don Quichotte* et, dira-t-il plus tard, ses origines : « *Je retrouve toutes mes origines dans le livre que je savais par cœur avant de savoir lire,* Don Quichotte[2] ». Au Collège de Rouen, où il entre en 1832, Flaubert lance, avec son ami Ernest Chevalier, le

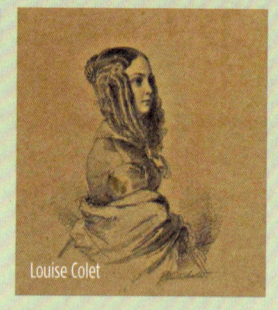

Louise Colet

premier numéro d'un journal littéraire intitulé *Art et Progrès*, qu'ils recopient ensemble à la main, et qui restera sans suite, probablement supprimé par les autorités de l'établissement scolaire. Flaubert aura d'ailleurs encore maille à partir avec la discipline puisqu'il sera exclu du collège lors de sa dernière année (1839), ce qui l'obligera, l'année suivante, à passer son baccalauréat en candidat libre. Toujours est-il qu'en 1840 Flaubert a déjà écrit une vingtaine de contes et nouvelles, certains annonciateurs des romans à venir, entre autres *Passion et Vertu*, dont la trame – une femme adultère se suicidant par le poison – n'est pas sans évoquer *Madame Bovary*, et *Mémoires d'un fou*, écrit en 1838, qui donnera lieu, trente ans plus tard, à *L'Éducation sentimentale*.

1. Lettre à Mlle Leroyer de Chantepie, 30 mars 1857   2. Lettre à Louise Colet, 19 juin 1852

II. La rencontre

En 1836 Flaubert a quinze ans. Comme chaque année, il passe ses vacances à Trouville avec ses parents. Au cours d'une promenade sur la plage, *il sauve* un manteau de femme de la marée montante en le déplaçant au loin. Ce geste remarqué lui vaudra les remerciements le lendemain de sa propriétaire, Élisa Schlesinger, 26 ans, dont il tombe immédiatement amoureux :

« Monsieur, je vous remercie bien de votre galanterie. »
C'était une jeune femme assise avec son mari à la table voisine.
« Quoi donc ? lui demandai-je préoccupé.
— D'avoir ramassé mon manteau : n'est-ce pas vous ?
— Oui, madame », repris-je embarrassé.
Elle me regarda.
Je baissai les yeux et rougis.
Quel regard en effet ! — comme elle était belle cette femme ! — je vois
encore cette prunelle ardente sous un sourcil noir se fixer sur moi comme un soleil.

Le coup de foudre est définitif, comme pour Frédéric. Deux lettres témoignent à vingt-cinq ans d'intervalle de la passion qui accompagna Flaubert toute sa vie. La première est adressée à Louise Colet, poétesse de onze ans son aînée, avec qui il entretient à partir de 1846 une difficile liaison sentimentale :

« Je n'ai eu qu'une passion véritable. Je te l'ai déjà dit. J'avais à peine 15 ans, ça m'a duré jusqu'à 18. Et quand j'ai revu cette femme-là après plusieurs années j'ai eu du mal à la reconnaître. — Je la vois encore quelquefois mais rarement, et je la considère avec l'étonnement que les émigrés ont dû avoir quand ils sont rentrés dans leur château délabré » (8 octobre 1846)

L'autre, adressée bien des années plus tard à celle dont le souvenir encore l'obsède, et qu'il a revu plusieurs fois au cours de sa vie :

« Ma vieille Amie, ma vieille Tendresse,
Je ne peux pas voir votre écriture, sans être remué ! J'aimerais tant à vous recevoir chez moi, à vous faire coucher dans la chambre de ma mère. [...] L'avenir pour moi n'a plus de rêves. Mais les jours d'autrefois se représentent comme baignés dans une vapeur d'or. — Sur ce fond lumineux où de chers fantômes me tendent les bras, la figure qui se détache le plus splendidement, c'est la vôtre ! — Oui, la vôtre. Ô pauvre Trouville » (5 octobre 1872).

...

Le pavillon de Croisset, dernier vestige, avec le jardin, de la demeure où Flaubert écrivit ses romans.

III. L'obsession du style

En 1841 Flaubert s'inscrit à la Faculté de Droit de Paris, sans enthousiasme, comme il l'écrit à son ancien professeur de lettres : *« Je fais donc mon Droit, [...] mais ce qui revient chez moi à chaque minute, ce qui m'ôte la plume des mains si je prends des notes, ce qui me dérobe le livre si je lis, c'est mon vieil amour, c'est la même idée fixe : écrire ! »* La vie va malheureusement lui en donner la possibilité : en 1844, il fait une première crise d'épilepsie, puis d'autres et d'autres encore et doit dire adieu à ses études, non sans soulagement : *« Ma maladie aura toujours eu l'avantage qu'on me laisse m'occuper comme je l'entends »*, écrit-il en 1845 à un ami. Ses parents achètent un grande demeure dans la campagne normande, Flaubert s'y installe et termine une première version de *L'Éducation sentimentale*. C'est là, entre les quatre murs de son bureau, qu'il passera le plus clair de son temps à écrire, alternant périodes de travail et voyages, notamment en Orient. Outre sa maladie, incurable, Flaubert doit également faire face à un drame familial : en 1846, sa sœur Caroline meurt après avoir mis au monde une petite fille qu'il élèvera avec sa mère, le père de l'enfant ayant perdu la raison après la mort de sa femme. Ses amis aussi le quittent, un à un, pour se marier ; sa liaison avec Louise Colet tourne au cauchemar (il la quitte une première fois en 1848, et définitivement en 1854). Les années qui le séparent de sa mort sont des années de travail intense. Et douloureux, car Flaubert écrit lentement, difficilement ; une lenteur qu'il revendique d'ailleurs : *« Être connu n'est pas ma principale affaire. [...] Je vise à mieux, à me plaire. Le succès me paraît être un résultat et non pas le but [...]. Que je crève comme un chien plutôt que de hâter d'une seconde ma phrase qui n'est pas mûre »* (à Maxime Du Camp, 26 juin 1852). Il n'en publiera pas moins ses chefs-d'œuvre : *Madame Bovary* (1857), *Salammbô* (1862), *La Tentation de saint Antoine* (1874), *Trois contes* (1877), et *Bouvard et Pécuchet* qui restera inachevé sur sa table de travail, lorsqu'il meurt, terrassé par une hémorragie cérébrale, le 8 mai 1880.

GRAND ANGLE

Gustave Courbet
Le génie du réalisme

Gustave Courbet
vers 1860-65.

Un peintre *scandaleux*

Gustave Courbet est né à Ornans, petite ville de Franche-Comté, en 1819. Fils de cultivateurs aisés, il est très tôt attiré par le dessin et la peinture et commence sa formation artistique à Besançon à l'âge de 14 ans. Après ses études secondaires, il s'inscrit à la faculté de droit, mais abandonne rapidement ses études pour se consacrer entièrement à la peinture, la sienne, qu'il veut personnelle et franche. Son talent ne tarde pas à être remarqué – il vend même quelques toiles – et expose une dizaine d'œuvres au Salon[1] de 1848. Sa participation aux éditions successives marque toutefois le début de sa *mauvaise* réputation tant artistique que politique. Contrairement à ses contemporains qui peignent principalement des sujets d'inspiration mythologique, historique ou biblique, Courbet décide de se consacrer au réel, mais sans idéalisation, sans gommer les imperfections, sans rien cacher. À vouloir tout montrer, Courbet s'attire les foudres de la critique de l'époque qui fustige son art *subversif*. Comment un artiste ose-t-il montrer la fatigue des *casseurs de pierres* (1849), ou un cimetière un jour d'enterrement (*Un enterrement à Ornans*, 1849), avec son trou béant et le cortège en pleurs ?

Gustave Courbet; Autoportrait dit *Le désespéré* – 1843.

Gustave Courbet ; *Un enterrement à Ornans* – 1849.

Le manifeste du Réalisme

En 1855, Courbet coupe court à toutes les rumeurs concernant le Réalisme et définit ce qu'il entend par ce mot qui, dit-il, lui a été « imposé » :

« J'ai étudié, en dehors de tout esprit de système et sans parti pris, l'art des anciens et des modernes. Je n'ai pas plus voulu imiter les uns que copier les autres : ma pensée n'a pas été davantage d'arriver au but oiseux de l'art pour l'art[2]. Non ! J'ai voulu tout simplement puiser dans l'entière connaissance de la tradition le sentiment raisonné et indépendant de ma propre individualité.
Savoir pour pouvoir, telle fut ma pensée. Être à même de traduire les mœurs, les idées, l'aspect de mon époque, selon mon appréciation, être non seulement un peintre, mais également un homme, en un mot faire de l'art vivant, tel est mon but ».

Gustave Courbet ; *Les casseurs de pierres* – 1849.

Déboulonnement de la Colonne Vendôme – 1871.

L'exil et la douleur

En 1870, la Ville de Paris, assiégée par les Prussiens, se soulève et proclame la *Commune*. Gustave Courbet, « peintre et républicain », est nommé Président des artistes. Arrêté un an plus tard, il est condamné à 6 mois de prison et 500 francs d'amende, auxquels s'ajoutent 323 091 francs en 1873, lorsque l'État le condamne à payer la reconstruction de la Colonne Vendôme, détruite pendant l'Insurrection, et dont il est jugé moralement responsable. De peur d'être une nouvelle fois arrêté, Courbet se réfugie en Suisse où il meurt, quatre ans plus tard, le 31 décembre 1877, sans être rentré en France, obsédé par la somme exorbitante qui lui est réclamée.

Gustave Courbet ; *Les cribleuses de blé* – 1855.

1. Le **Salon de peinture et de sculpture**, créé au XVIIe siècle, était le rendez-vous annuel des artistes français agréés par l'Académie.

2. Théorie du mouvement poétique apparu en France à la fin du XIXe siècle, selon laquelle l'art ne devait poursuivre qu'un seul but : la beauté.

DÉCOUVERTE

Le siècle de la photographie

La naissance d'un art nouveau

Lorsque le jeune Frédéric Moreau arrive à Paris, en 1840, la photographie existait déjà, et certains clichés commençaient à circuler dans les milieux scientifiques. Son inventeur, le physicien Joseph Nicéphore Niépce (1765-1833), avait en effet réussi à fixer, quelques années auparavant, plusieurs bâtiments de sa demeure à la campagne sur un support matériel ; son *Point de vue du Gras*, qui nécessita huit heures de pose en 1827, est de ce fait la première photographie connue. Successivement, les travaux que le physicien mena avec Louis Daguerre (1787-1851) permirent de diminuer considérablement le temps de pose ; tant est qu'en 1838 ce dernier put réaliser, Boulevard du Temple à Paris, la première photographie animée de l'histoire : un homme se faisant cirer les bottines par un cireur des rues. Il faudra toutefois attendre 1839 pour que la photographie voie officiellement le jour, lors de sa présentation à l'Académie des Sciences par le savant François Arago.

Craintes et réticences

L'essor de la photographie au milieu du XIXe siècle suscita l'enthousiasme du public, mais aussi de fortes réticences dans les milieux artistiques, notamment chez la plupart des peintres, comme Pellerin, qui vivaient des portraits que leur commandait la bourgeoisie aisée de l'époque ; et qui voyaient dans la photographie une future rivale. Sans compter l'émerveillement que l'exacte représentation du réel produisait sur les mentalités de l'époque, qui n'hésitaient pas à lui attribuer des pouvoirs magiques - pas toujours dans le bons sens d'ailleurs, puisque le roi de Naples, que l'on disait superstitieux, la fit interdire dans son royaume en 1856, par crainte du *mauvais œil*.

Nicéphore Niépce

Gaspard-Félix Tournachon, *Nadar*.

Louis Daguerre, *boulevard du Temple* (1838).

Une nouvelle profession

Passé l'engouement du début, les milieux artistiques se posèrent la question de savoir si la photographie était un art ou, comme l'écrivait Baudelaire, la « secrétaire de quiconque a besoin dans sa profession d'une absolue exactitude matérielle » ? Si la question ne fut résolue qu'au vingtième siècle avec la naissance de l'appellation *Huitième Art* pour désigner la radio, la télévision et la photographie, l'intérêt commercial de cette invention n'échappa pas aux amateurs d'*art industriel* qui se lancèrent, dès les années 1850, dans un nouveau métier : photographe. Le plus célèbre de ces pionniers, Gaspard-Félix Tournachon, connu sous le nom de *Nadar* (1820-1910), journaliste, romancier, caricaturiste … aéronaute, et photographe des personnalités de son époque, nous a donné à voir le visage authentique des hommes et des femmes qui ont marqué leur siècle, le suivant et le nôtre.

Un savant, un ingénieur, des écrivains

Voici quelques-uns de ses célèbres portraits et les noms en vrac des hommes célèbres photographiés ; peux-tu les identifier tous ?

Alexandre Dumas • Charles Baudelaire • Émile Zola • Gustave Eiffel • Louis Pasteur • Victor Hugo

1 .... 2 .... 3 ....

4 .... 5 .... 6 ....

BILAN

Frédéric et Deslauriers se retrouvent une vingtaine d'années plus tard et évoquent leur jeunesse, leurs anciens amis. Que sont-ils devenus ? À partir de ce que tu sais des divers Martinon, Cisy, Hussonnet ... corrige les erreurs glissées dans le paragraphe.

« Vers le commencement de cet hiver, Frédéric et Deslauriers causaient au coin du feu, réconciliés encore une fois, par la fatalité de leur nature qui les faisait toujours se rejoindre et s'aimer. Deslauriers, ~~était devenu sénateur~~ >>> était maintenant employé au contentieux dans une compagnie industrielle. Frédéric **habitait le château de ses aïeux** >>>.. et vivait en petit bourgeois. ils s'informèrent mutuellement de leurs amis. Martinon ~~était maintenant employé au contentieux dans une compagnie industrielle~~ >>> était devenu sénateur. Hussonnet, **était devenu photographe** >>> >>>.. . Cisy, enfoncé dans la religion et père de huit enfants, **avait mangé les deux tiers de sa fortune** >>> >>>.. . Pellerin **occupait une haute place** >>> >>>.. où il se trouvait avoir sous sa main tous les théâtres et toute la presse ; Ni l'un ni l'autre ne savaient ce qu'était devenu Sénécal ni la Vatnaz, mais Deslauriers avait rencontré Rosanette la dernière fois qu'il était allé à Paris ; elle était veuve d'un certain monsieur Oudry et tenait par la main **son fils, lieutenant de chasseurs** >>> >>>.. .... Quant à Regimbart, il continuait de hanter les cafés mais il n'était plus que l'ombre de lui-même, « un spectre », dit Deslauriers qui demanda à Frédéric s'il avait des nouvelles de madame Arnoux ?
— Elle doit être à Rome avec **un petit garçon qu'elle avait adopté** >>>.. .
— Et son mari ?
— Mort l'année dernière. »

CONTENUS

Contenu lexical
- Le portrait physique et moral.
- La famillle, les relations conjugales, le mariage.
- La noblesse et la finance.
- L'ambition et la tentation du luxe.
- La pauvreté et la misère.

Contenu grammatical
- Les déterminants du nom.
- Le féminin et le pluriel des noms et des adjectifs.
- Les adjectifs et les pronoms indéfinis.
- Les pronoms personnels sujets et compléments.
- Les pronoms relatifs, simples et composés.
- Les conjonctions.
- Les adverbes et les prépositions.
- Le système verbal.
- L'emploi des temps et des modes.
- La condordance des temps.
- L'accord du participe passé.
- La voix passive.
- La phrase simple et complexe.

Compétences communicatives
- Repérer les informations essentielles d'un texte narratif et/ou argumentatif.
- Repérer les indices lexicaux, d'énonciation et d'organisation d'un énoncé.
- Résumer un texte narratif et/ou argumentatif en respectant le schéma du texte source.
- Planifier puis rédiger un texte narratif, descriptif ou argumentatif à partir d'un sujet donné.

LECTURES ELI SENIORS

NIVEAU 1 Molière, *Le malade imaginaire*
Edmond Rostand, *Cyrano de Bergerac*

NIVEAU 2 Voltaire, *Candide*
Guy de Maupassant, *Bel-Ami*
Abbé Prévost, *Manon Lescaut*

NIVEAU 3 Alexandre Dumas, *Le Comte de Monte-Cristo*
Alain Fournier, *Le Grand Meaulnes*
Jules Verne, *Vingt Mille Lieues sous les mers*
Stendhal, *Le Rouge et le Noir*
Émile Zola, *Germinal*

NIVEAU 4 Gustave Flaubert, *Madame Bovary*
Victor Hugo, *Les Misérables*
Honoré de Balzac, *Le Père Goriot*
Gustave Flaubert, *L'Éducation sentimentale*